VENDER MÁS Y MEJOR

TÉCNICAS DE VENTA ETERNAS

MÁS ALLÁ DE INTERNET

(Pensamientos Vendedores 1)

Segunda Edición

Título: Vender Más y Mejor, Técnicas de Venta eternas más allá de Internet

Título de la serie: Pensamientos Vendedores

Volumen de la serie: Volumen 1

Autor: Raúl Sánchez Gilo

Todos los derechos reservados

© Copyright 2017 Raúl Sánchez Gilo

Fotografía de Portada: Rosamaría Bertol Astasio

Segunda edición: 2018

ISBN-13: 978-1983503153

ISBN-10: 1983503150

VENDER MÁS Y MEJOR

TÉCNICAS DE VENTA ETERNAS MÁS ALLÁ DE INTERNET

(Pensamientos Vendedores 1)

Segunda Edición

Raúl Sánchez Gilo

A Rosamari por su amor y paciencia

INDICE

Notas a la Segunda Edición.

El gran apoyo y buena acogida de este libro por todos los lectores de la primera edición me han animado a hacer esta segunda edición ampliada, tanto en versión digital como impresa.

Con motivo de la misma se ha añadido al final un capítulo extra que, de alguna manera, completa el libro al explicar qué representan todos los elementos de la original portada. Algunos de ellos aparecen a lo largo del libro, como es el caso del tigre, el libro y el huevo. Otros, como por ejemplo la misteriosa caja azul, tienen una gran relación con todos los conceptos y tópicos de ventas que se describen a lo largo del libro, y se aclara aquí su significado.

Como no podía ser de otra manera, el nuevo capítulo se llama "El Misterio de la Portada". Si bien, desde ahora mismo y como un reto, se invita al lector a intentar averiguarlo por sí mismo, y a pensar qué representan dichos elementos durante la lectura y a la conclusión del libro.

En cualquier caso, y antes de que leáis el último capítulo, estaré encantado de recibir vuestras interpretaciones, como así he hecho con los lectores de la primera edición. Me he llevado la sorpresa de que tenía más interpretaciones que la que yo daba en un principio, muchas de ellas muy interesantes y originales, por lo que será un placer escuchar vuestra opinión.

Quería aprovechar para agradecer todas las opiniones, reseñas y comentarios de los muchos lectores, tanto de la edición española como la edición en inglés. Sería imposible nombrarlos a todos, pero quería destacar la gran unanimidad de reseñas positivas recibidas de grandes maestros de las ventas, de conocidos profesionales con mucha experiencia y sapiencia como vendedores, de gestores de equipos de ventas, gerentes y propietarios de empresas, tanto B2B como B2C, de vendedores de todos los sectores, entrenadores y coaches de ventas, así como de otros autores de libros y otros muchos expertos en el arte de vender. Sus opiniones son muy importantes para mí, las guardo en el corazón, y me animan a seguir escribiendo al respecto. A todos ellos les dedico esta segunda edición y les envío un gran e inmenso ¡¡Gracias!!

Y a ti, nuevo lector, espero que te guste, que te motive e inspire en tu trabajo diario y, sobre todo, que te divierta, que de eso también se trata. Mientras tanto, estoy seguro que te inspirará esta maravillosa frase de un clásico, que no me resisto a incluir en esta edición:

"Si quieres persuadirme, debes pensar mis pensamientos, sentir mis sentimientos y hablar con mis palabras" (Cicerón)

PROLOGO

Si vendes, o quieres vender, este libro es para ti. No dejes tu destino al azar y descubre con este libro lo que es realmente vender, con mayúsculas. No te arrepentirás. El saber eterno de cómo vender más y mejor siempre ha estado ahí, y seguirá ahí más allá de los últimos cambios tecnológicos, de modas, más allá de internet y más allá de cuando éste se vea superado por otro medio, llámese realidad virtual o inteligencia artificial o lo que nos depare el futuro, pero siempre, siempre, los conceptos que aquí se explican serán válidos, pues somos seres humanos, y eso es lo que hace la diferencia.

Para quién va dirigido:

¿No sabes por qué no eres capaz de vender más? ¿No sabes cómo fidelizar a los clientes de tu negocio? ¿Cómo vender mejor? ¿Quieres conseguir más y mejores clientes, más beneficios, y triunfar vendiendo? Este libro responde a tus preguntas. Descubre lo que es realmente Vender, con mayúsculas:

Conceptos universales y eternos, aplicables a cualquier campo, a cualquier industria, y a cualquier nivel, para conseguir lo que más deseamos. Este libro puede ayudar a cualquier persona —se dedique o no a la venta de productos o servicios— a mejorar su comprensión comercial y la de la naturaleza humana, a aprender o re-aprender los aspectos básicos de la venta, y a seguir adelante a partir de aquí, pues que nadie se piense que esto sólo es el principio, ni el final, sino un camino, en este caso el mejor de los caminos, pues está iluminado por el espíritu, y por el corazón, el que todos tenemos.

Un libro para principiantes y para profesionales:

Ya sean noveles, o expertos que han cogido vicios a lo largo de muchos años, este libro está especialmente dedicado a:

Vendedores, comerciales, empresarios, técnicos, exportadores, comerciantes, representantes, distribuidores, dependientes, tenderos, responsables comerciales, proveedores, viajantes, feriantes, mercaderes, gerentes, negociadores, asesores, agentes, negociantes, gestores, directivos, promotores, ejecutivos, intermediarios, formadores, prescriptores, líderes de opinión, blogueros, comunicadores, jefes de compras, ejecutivos de cuentas, consultores, expertos en marketing, expertos en "coaching", motivadores comerciales, expertos en redes, en SEO/SEM, en comercio electrónico, expertos en turismo, directores de ventas, de recursos humanos, compradores personales, agentes de seguros, políticos, promotores de cartera, entrevistadores, emprendedores, estudiantes de economía y empresariales, de marketing, o de muchos otros estudios, y así un largo etcétera.

De hecho, los conceptos que aquí se explican se tenían que estudiar en cualquier carrera, pues todas de una forma u otra tienen una vertiente cara al público, cara al cliente: ingenieros, médicos, abogados, profesores, arquitectos, veterinarios, economistas, empresarios, informáticos, farmacéuticos, telecos, comunicadores, diseñadores, políticos, hosteleros, periodistas, publicitarios, músicos, artistas, fotógrafos, traductores, relaciones públicas, trabajo social, dirección de empresas, y otro largo etcétera.

En definitiva, este libro está dirigido a todos los que de una forma u otra tienen una relación comercial. La larga lista, casi cómica, no es más que otra forma de decir que al final afecta a todos en la industria y en la vida, a todos los niveles. También está dedicado a todos aquellos que busquen un libro entretenido, sin soluciones mágicas, que ayuda a pensar y que está lleno de conceptos y principios para negociar y vender más y mejor.

Y funciona, de hecho siempre ha funcionado, y siempre funcionará:

Vender y comerciar de manera inteligente es un saber antiguo, sólo que hoy lo hemos complicado un poco más, con las nuevas tecnologías, con el marketing (ese palabro), el cambio de era, con las nuevas formas de trabajar y de relacionarnos con el cliente, con internet, el big data y con mil complicaciones más. Al final, en mayor o menor medida, siempre será imprescindible saber lo que ya sabíamos, y que vamos olvidando con la rutina. Este libro enseña a vender, más allá de todas esas complicaciones, pero no es una biblia sobre ventas, pues no hay tal que a todo responda, ni de ésta ni de cualquier otra materia, pero eso ya lo descubrirá por usted mismo...

Empezaremos contando una historia de misterio y antiguos secretos. Y finalmente desvelaremos la fácil y valiosa fórmula para tener éxito vendiendo:

Acompañados de nuestros guías, haremos un increíble viaje que nos atrapará, lleno de principios, ideas, metáforas, dobles sentidos, mucho humor, y relaciones sorprendentes entre los conceptos que nos descubrirá el autentico camino para vender más y mejor.

Entre otras muchas cosas:

- Analizaremos las necesidades humanas y qué significa vender y ser vendedor.
- Nos adentraremos dentro del vendedor para ver cómo será el vendedor del futuro.
- Descubriremos nuestros principales defectos y virtudes, y cómo usarlas a nuestro favor, un viaje a nosotros mismos.
- Nos sumergiremos en los secretos del producto, cómo sacarle el mejor partido, y cómo vender ideas.
- Desde un antiguo grano de arroz a internet, averiguaremos como beneficiarnos de valores añadidos, como la marca.

- Torearemos el precio, desvelaremos la fórmula del valor del producto y cómo definir nuestra propuesta de valor.
- Nos atrapará el alma de la espada mientras revelamos el misterio del huevo y cómo usar la calidad para lograr la satisfacción del cliente.
- Intentaremos matar el producto, no sin antes recorrer su ciclo de vida y cómo dirigir nuestros esfuerzos en cada etapa.
- Conoceremos mejor a nuestro cliente y aprenderemos cual es la mejor clasificación.
- Nos emborracharemos, literalmente, para descubrir los deseos y las motivaciones de los clientes, cómo comprenderlas e influir sobre ellas.
- Exploraremos cómo gestionar la relación con el cliente y su seguimiento.
- Visitaremos el antiguo mercado para entender dónde están los clientes, cómo identificar a clientes potenciales y a nuestro cliente ideal.
- Nos sorprenderemos de cómo gestionar mejor nuestro tiempo y esfuerzo, y nuestros resultados, con Pareto o sin él.
- Aprenderemos a optimizar la satisfacción del cliente para no tener que jugar a las cartas, a vender ideas y gestionar las expectativas.
- Llegaremos al nudo sin fin para convertir cada venta en el principio de la siguiente, con la fórmula definitiva para fidelizar clientes y satisfacer con creces sus necesidades.
- Conoceremos el corazón del tigre, y la rueda de la vida; y nos divertiremos en el viaje.

Adelante, descubra el saber eterno y exclusivo que le espera... ¡Éxito y muchas ventas!

CAPÍTULO 1: MI COMPROMISO CON JIN

Esto no es cuento, ni historia inventada, pues pasó tal como fue, y me condenó desde entonces, pues me obliga a contarlo, compartirlo y hasta me habla.

Le conocí una noche de intensa lluvia y frío, las puertas del infierno, o del cielo, se habían abierto, y el aire silbaba hasta aturdir. Había pocas luces, andaba por calles que desconocía y no sabía donde refugiarme. Miraba a todos lados y atisbé una tienda abierta, la única que podía estarlo a esas horas; una buena opción para pasar el rato hasta que escampe, y perderme entre sus pasillos y estanterías llenas de miles de artículos innecesarios, como había hecho otras muchas veces, hasta encontrar seguramente algo que no sabía que necesitaba hasta entonces, y que irremediablemente iba a comprar, y es que estos chinos tienen de todo.

Entré sin pensarlo, literalmente en otro mundo, donde me sentía a gusto, y de eso se trataba, de la experiencia; en cierto modo, el famoso fabricante de muebles sueco y los bazares chinos hacen lo mismo, aunque a distinto nivel: dar de todo, a menos precio, y sobre todo gestionar la experiencia del cliente para que aumente tu felicidad al comprar, aunque no necesites tantas cosas, pero siempre picas… ¿Por qué será?

No sé cuanto rato pasó, creo que seguía lloviendo pero no estaba seguro. Como de costumbre mi vista recorría todo lo que allí había, la cueva de Alibabá, todo era ganga, asequible, usable y apetecible, y fui recorriendo pasillos y pasillos, era divertido. Sin saber cómo entré en un pasillo más oscuro, un poco tétrico, lleno de artículos que parecían rotos y algunos sin sentido, pero ya estaba en ese punto en que la mente estaba aturdida después de ver cientos de productos, y tampoco sabía que buscaba —y si lo preguntabas, siempre estaba al fondo— por lo que seguí avanzando sin miedo, seguro de que al final encontraría algo extraordinario, y así fue…

De repente, tras una esquina, más luz, más espacio, y alguien al fondo, detrás de un mostrador,… ¿Habría vuelto al inicio de la tienda?... Era todo bastante distinto a la entrada, y aquí no había entrada ni salida, solo un dependiente esperándome y mirándome sonriente: un joven que parecía asiático, no chino, puede que japonés, pero no de los de ahora, sino de otra época por su vestimenta; llevaba un kimono corto y abierto que parecía de seda negra, y que dejaba ver unos pantalones con muchos pliegues —más tarde sabría que eran siete y que representaban siete virtudes según la tradición bushido (traducido en la tradición japonesa como "el camino del guerrero"), o que también representaban los cinco elementos más la dualidad ying/yang según la tradición Zen, y que tal prenda, la hakama, era antiguamente un símbolo de status que permitía distinguir a los samurái ("aquel que sirve" según su significado primigenio), pero todo eso lo aprendería más tarde— ahora ya había llegado al mostrador y le saludé con la cabeza, creo que dije "buenas" o algo así, no lo recuerdo bien, estaba como atontado, y él me correspondió con otro saludo, pero más formal, respetuoso y sincero, de hecho era la clásica reverencia, con las manos a los costados, estudiada y precisa —casi me dio por sacar el móvil para medir el ángulo, seguro que se inclinó 30 grados exactos— y aunque tras el saludo parecía querer decirme algo, sólo me miró durante un rato, creo que estaba esperando que yo le hablase, hasta que rompí el hielo:

—Esta parte de la tienda parece distinta del principio, ¿hay algo especial aquí?

—Sí que lo hay —respondió con tono suave— me llamo Jin, y estoy aquí para ayudarle a elegirlo.

—Pero no veo nada por aquí que me interese —y aunque así fuera no se lo iba a decir, me dije.

—Es verdad, lleva mucho tiempo dando vueltas en la tienda y no se decidió por nada, por eso me alegro de que llegase aquí, ya que llevo en esta tienda más tiempo que nadie, y soy quien mejor puede ayudarle. ¿Le gustaría ver algo especial? —de alguna manera asentí con los hombros— Le advierto que no es adecuado para todo el mundo, solo es para cierto tipo de clientes, como usted que se nota que ha viajado mucho —no sé porqué no me extrañó que supiera eso— ¿Le gustan las antigüedades? —dijo Jin.

—No especialmente, y suelen ser caras, no son para mi bolsillo.

— ¿Y si yo le pudiera ofrecer una gratis, estaría usted interesado?

—Hombre, depende, en ese caso…

—Me parece muy bien, además le hará feliz a usted y a los demás; me refiero a algo intangible y eterno, permítame explicarle porqué, Señor…

—…Raúl, me llamo Raúl, pero no intentes pronunciarlo, sé de un chino que lo intentó varias veces y casi se ahoga. Al final le dije que mejor me llamase Paul, y así me he hecho llamar siempre en mis viajes a Asia. Tú eras Jin, ¿verdad?

—Sí, soy Jin, gracias por acordarse, Sr. Paul.

—No me llames señor, me hace parecer mayor.

—Entendido. Y yo no soy chino, soy japonés.

—Sí, tienes razón, pero ese es el estereotipo que tenemos: todos los asiáticos nos parecen iguales, aunque no lo sean. En cualquier caso mejor no intentes decir mi nombre, Paul está bien.

—De acuerdo, Paul.

Jin se agachó y sacó algo debajo del mostrador, estaba envuelto en una tela vieja y sucia, llena de polvo. El caso es que había despertado mi curiosidad, así que no pasaba nada por averiguar de qué se trataba.

Mientras tanto yo miraba alrededor y me extrañaba que no hubiese nadie más en este pasillo. Cuando entré había otros clientes que también se habían refugiado aquí por la lluvia, pero ahora todo estaba solitario y silencioso, y toda la luz del local se concentraba en ese objeto que Jin estaba desenvolviendo de forma parsimoniosa. El tiempo se detuvo. Por fin pude ver que lo que me ofrecía Jin: dentro de aquella maraña apareció un libro que parecía muy antiguo y que sostuvo entre sus manos como algo delicado pero importante. Tenía una portada de madera rojiza, con símbolos grabados que no supe si eran chinos, o japoneses, o una mezcla de ambos, pero que me parecieron muy artísticos. Mientras lo sujetaba y antes de dejármelo ver me contó la siguiente historia:

—Este libro no tiene precio. Perteneció a mis antepasados, y ha pasado de generación en generación durante siglos, ayudándonos en nuestra vida: ayudó a mis padres, a mis abuelos, a mis bisabuelos, y así hasta llegar a los primeros emperadores japoneses, a todos ellos les sirvió para ser más felices y a tener más éxito en su vida…

«Vaya, un antiguo libro de autoayuda, debe ser el primero que se escribió, y anda que no exagera nada; o sea que él desciende de emperadores, pues sí que ha descendido… hasta esta tienda por lo menos. Pero no le quise interrumpir…»

—Fue escrito por una mujer de la corte muy observadora que contempló la lucha diaria de muchas familias por sobrevivir y sobresalir, principalmente familias de comerciantes y empresarios, que llegaban a la corte desde todos los rincones del imperio y fuera de él. Hasta allí llegaban sólo los mejores para vender no sólo sus productos sino también conseguir los favores y atenciones de los poderosos en la corte, y a veces también el de sus mujeres, pero eso ya es otra historia —dijo Jin con un ademán, sonriendo pícaramente y sin taparse del todo la boca.

«Que pena —pensé— no era una historia de seducción, sino de persuasión…, aunque me preguntaba si al final no era lo mismo.»

—Ella vio cómo algunos comerciantes tenían más éxitos que otros y quiso analizar el porqué. Habló con todos ellos, y por ellos se dejo seducir, no en todos los sentidos, ya me entiendes —volvió a sonreír de forma pícara.

«No me lo creo, seguro que aquella corte era como todas, un putiferio…»

—Ella escuchó con atención todo lo que le contaban e intentó comprender, y se granjeó la amistad de los auténticos maestros del arte del comercio, tomando notas de todos ellos, fijándose en las distintas psicologías de cada personaje, en sus conocimientos, comportamientos, y descubriendo sus técnicas y patrones comunes. Finalmente escribió este libro para que lo pusieran en práctica todos aquellos que por una causa u otra necesiten vender y venderse, y se inspirasen en él en su día a día.

—¡Vaya!, no sabía que existían libros de ventas tan antiguos, pensé que eran una moda moderna.

—El comercio y la negociación acompañan al hombre desde muy antiguo, Paul; además, dicen que ella gozó de la confianza del emperador como principal consejera en todos sus asuntos comerciales.

—Vale, Jin… la historia es chula, no sé si creérmela del todo, pero si no me quieres vender el libro, ¿para qué me la cuentas? —Jin, poniéndose solemne, parecía tener la respuesta más que preparada:

—Porque todos deseamos ser ganadores. Porque sé que de una forma u otra has vendido, has comprado, te han vendido, te han comprado, y a veces no sabes por qué ha sido o porqué no fue. Porque eres un competidor y porque tú eres también un vendedor…

«¿Por qué sabe que he trabajado bastante en el terreno comercial?»

—¿Y crees que yo necesito este libro? —dije para cortarle el rollo.

—No, en realidad yo te necesito a ti, Paul…

«Ahora sí me sorprendió, pues lo dijo de tal forma y me sonó tan familiar que parecía que me conocía de hace mucho, sentí un temblor como cuando alguien te da un golpecito en el hombro inesperadamente, alguien que hace tiempo que no ves…»

—No puedo permitir que se pierda esta antigua sabiduría; al fin y al cabo, es un legado de mis antepasados, y yo soy el último y el único que puede leer los antiguos símbolos y poemas en los que está escrito y que empleaban las mujeres de la corte.

—¿Y qué tiene que ver eso conmigo?

—Yo te cuento lo que dice y tú lo cuentas a tu manera con mi ayuda, lo publicas y así podré descansar en paz sabiendo que el legado de mis antepasados sigue vivo y puede ayudar a más gente como ayudó a mi familia, y seguro que a ti también.

—¿Y no te tengo que pagar derechos de autor o comisión?

—No. Sólo que aportes tu experiencia y lo actualices: el mundo ha cambiado mucho desde entonces, pero la mayoría de los valiosos conceptos y consejos que contiene siguen estando vigentes y son aplicables hoy en día.

—¿Y porque no lo haces tú mismo?

—Es difícil de explicar… no puedo hacerlo yo sólo, pero si aceptas ten por seguro que sabrás exactamente el porqué, por ahora solo puedo decir que me es imposible publicarlo yo mismo.

« Mientras pensaba en su propuesta supuse que tendría algún jaleo de papeles no resuelto todavía y que no podría contar; yo siempre quise publicar algo, y es un tema del que tengo experiencia; ahora tenía tiempo, no estaba trabajando… la situación era inusual, pero parecía sincero, y no suelo rechazar oportunidades. Estoy pensando que… aceptaré»

— ¿Y cómo has dicho que se titula el libro?

—No lo dije, pero una posible traducción sería "El arte de vender más y mejor".

Jin me extendió el libro con una reverencia. Lo cogí, lo miré con curiosidad, lo abrí por el medio y era lo que esperaba: la típica escritura de símbolos en vertical, ininteligible, no entendía nada. Pero tenía algo especial, no sé si era el tacto o el saber que era tan antiguo, o que escondía secretos que podrían ser interesantes de descifrar; aunque en cierto modo parecía que ya lo había visto antes, quizás en sueños, y sentía como un reconocimiento…

Sentí como si estuviera saliendo de un sueño, o cayendo, o ambas cosas, di un respingo, levanté la vista e inexplicablemente Jin ya no estaba enfrente mío, había desaparecido… miré confuso a todas partes, lo llamé, varias veces, pero nadie respondió. Mi primer acto reflejo fue dejar el libro en el mostrador, pero tampoco estaba el mostrador, era todo muy extraño. ¿Qué había pasado? ¿Lo había soñado? A lo mejor cogí este libro de una de las estanterías y mi mente empezó a divagar y me lo imaginé todo, me habría sentado mal la cena o me habían echado algo en la bebida, ¿estaría drogado? ¿No sería una cámara oculta? El caso es que había un extraño olor en el ambiente, como de flores (más adelante sabría que ese olor era de flores de cerezo). Tardé bastante en reaccionar y decidir que lo mejor era salir y preguntar en la entrada de la tienda.

Volví tras mis pasos por los laberínticos pasillos. Realmente no sabía dónde estaba, creo que me perdí varias veces y tardé en encontrar la puerta. Al final, o al principio, estaba el chino de la entrada en su mostrador, y le pregunté:

—Perdone, quería hablar con su empleado Jin, pero no sé donde está, ¿podría por favor llamarle? —el chino me miró extrañado, creo que pensó que yo estaba borracho o algo peor. Me respondió a su manera:

—Aquí no haber Jin, sólo yo, me llamo Chen.

—¿Es usted el único empleado de la tienda?

—Sí, ¿le puedo ayudar en algo?

—¿No ha visto salir a un asiático con unos pantalones anchos, vestido de negro, con un kimono…?

—No, no visto —el chino miró el libro que yo llevaba en la mano, y dijo:

—Al fondo tenemos libros si interesa, pero son nuevos.

—¿No tiene ninguno como éste?

—No, primera vez que veo ese, no chino, y aquí todos libros traducidos. Libro raro ese, ¿quiere venderlo?

A punto estuve de decirle que sí… que sí lo quería vender, pero no a él… Y apreté el libro entre las manos, como algo valioso. Estaba claro que ese libro no era de la tienda, por lo que no me sentí culpable de salir sin pagarlo.

Ya no llovía, aunque hacía frío. Me sentía cansado, y aturdido, como después de un largo viaje. Realmente no recuerdo como llegué a casa. Allí seguía en mi mundo, pensando en lo que había pasado sin encontrarle explicación, con todas esas preguntas sin respuesta en mi cabeza: ¿Quién era Jin? ¿Vestía realmente como un samurái? ¿O sólo estaba en mi imaginación?, y entonces, ¿de dónde he sacado yo este libro?, ¿dónde se había ido?, y si no era de la tienda, ¿qué hacía allí?... Debía de haber alguna puerta oculta y seguro que se fue por ella mientras no miraba. En cualquier caso, no le voy a volver a ver, pero si no hablo con él tampoco puedo saber que dice el libro, no me valdría de nada tenerlo, a lo mejor me daban algo por él en un anticuario… Sin parar de hacerme preguntas, recuerdo que me tome unas cervezas para relajarme, y supongo que me dormí.

Me desperté sobresaltado, con esa sensación de que todo lo de ayer fue un sueño, y a lo mejor lo fue. Me dirigí a la cocina, y volví a la realidad, o fatalidad, pues allí estaba el libro, encima de la mesa, esperándome, desafiante, diciéndome que tenía algo que hacer. Desayuné dándole vueltas a la cabeza, y mirándolo, no tenía nada de especial en realidad, pero de nuevo parecía que conocía el libro de mucho antes... ¿y porqué mi café huele de repente a flores?

—Claro que lo conoces, Paul.

—¡Ehhh!, ¿Jin?... ¿Qué haces aquí?, ¿dónde estás?, espero que esto no sea una broma...

—Estoy contigo, pero no intentes verme, no podrás...

«Ya está, estoy loco, oigo voces en mi cabeza, sabía que tarde o temprano sucedería, pero no por dos cervezas... joerr..., no vuelvo a comprar esa marca...»

—No estás loco, Paul, un poco chiflado tal vez, pero nada grave.

—¿Y por qué te oigo, pero no te veo? —dije un poco asustado, mientras miraba detrás de las cortinas, abría todas las puertas, y me aseguraba de que la tele estaba apagada, convenciéndome a mí mismo de que allí no había nadie.

—Ya sabes la respuesta, Paul.

—O sea que sí, era lo que me temía, que eres una especie de eh... digamos... ¿un fantasma? ¿Un alma en pena?

—No del todo. Como te dije, solo si terminamos la misión yo descansaré en paz, pero no soy un fantasma como tú te los imaginas.

—¿Es como una maldición o algo así?

—No, simplemente soy el último de mi familia, como te dije, y no me puedo ir sin completar mi legado.

—¿Entonces estás muerto?, ¿cuándo fue?, ayer parecías muy vivo...

—Ayer tenía el aspecto que he tenido los últimos siglos, pero eso da igual, ¿me ayudarás?

—Ya, ahora entiendo porqué no podías publicarlo tú mismo. Oye, resulta muy extraño tenerte en mi cabeza... voy a ir al baño, ¿te importaría no seguirme?

—En realidad no te sigo físicamente, así que no te veo, y a mí también me resulta extraño mantener el contacto contigo, pero de algún modo es posible. Lo he intentado otras veces con otros y no funcionaba, creo que estamos conectados.

—Pues puestos a pedir… me podía haber conectado con… con Marilyn Monroe, por ejemplo. Lo siento, Jin, pero no eres mi tipo.

—¿Pero me ayudarás?

—¿Tengo elección? Seguro que si digo que no, me seguirás y me atormentarás día y noche, como en esa película…

—No, Paul, si dices que no, me iré y no volveré, tenlo por seguro.

Miles de preguntas se amontonaban en mi cabeza, pero todo parecía muy natural y el caso es que la situación me estaba empezando a gustar, era divertido, tenía un amigo invisible, eso daba mucho juego… Y realmente tenía curiosidad sobre el libro, podía aprender algo de ese saber antiguo y utilizarlo en mi beneficio… después de unos segundos le contesté:

—Pero te aviso que yo daré mi opinión en todo momento, añadiré mi experiencia, no seré imparcial, ni casual, ni caprichoso, me mojaré y no me limitaré a transcribir lo que decía tú querida cortesana, por cierto ¿cómo se llamaba?

—Su nombre era Sei.

—Pues eso, Jin, dime…

Y así empezó todo. Cada día, Jin hablaba conmigo, y me explicaba lo que decía el libro. Yo lo adaptaba según mi criterio, opinaba y a la vez aprendía un saber que de algún modo yo reconocía, pues siempre había estado ahí, sólo que no le había dedicado tiempo a organizarlo mentalmente, a analizarlo y a ponerlo en práctica. Y así, para que pueda ayudar a mucha más gente, y para que Jin descanse, surgió este libro.

Yo he cumplido mi compromiso con Jin. Nada más, y nada menos. El que tenga oídos que oiga, o que lea, y al final lo entenderán.

Cumpla usted ahora también: tan fácil como leer, comprender, y aplicar. Cumpla sus sueños.

CAPÍTULO 2: VENDER MÁS Y MEJOR

¿Qué significa vender más y mejor? De hecho, ¿qué es vender? ¿Vender es sólo convencer? ¿Es satisfacer necesidades? ¿Se puede aprender a vender?... Estas y otras preguntas vienen a nuestra cabeza cuando pensamos en el concepto vender y en su relación con todas las partes involucradas en el proceso comercial, el cliente, el producto, el vendedor, etc. Como no hay una sola respuesta absoluta a tantas preguntas, vamos a desmenuzarlas por separado para aclarar conceptos que nos permitan llevar una negociación con éxito, respuestas que sin duda nos servirán para vender más y mejor.

Las Necesidades del Cliente

El comercio existe desde hace mucho tiempo, desde los mismos orígenes de la humanidad; incluso antes de inventarse el dinero, el hombre empezó muy pronto a intercambiar bienes para satisfacer sus necesidades. Sin embargo no siempre tenían un carácter económico ni requerían el empleo de recursos, como por ejemplo las necesidades de tipo espiritual. Hay quien piensa que las necesidades no se crean, ya existen desde antaño y son siempre las mismas, lo cual no quita que haya que estimularlas…

—Eso exactamente defendía Sei en su libro, Paul.
—Hola, Jin, ya me olía que debías estar cerca. Algún día me tienes que explicar ese olor tuyo tan característico…
—Claro, pero hablemos primero de las necesidades.

—Supongo que Sei también se preguntaba por ellas en su libro, ¿verdad?

—Sí. Ella entendía que la mayoría de los comportamientos humanos que observaba, independientemente de la condición, raza o sexo, tenían como objetivo la búsqueda de la felicidad, y que era ésta, la felicidad, el resumen de todas las necesidades humanas, el denominador común a todas ellas. La necesidad principal del cliente era ser feliz, y la obligación del vendedor era satisfacer esa necesidad, lo cual le hacía también feliz a él.

—Entendido, por lo tanto el no satisfacer las necesidades nos aleja de la felicidad perseguida, ¿pero cuáles eran estas necesidades?

—Ella las listaba, así que hagamos lo mismo, pero te dejo a ti, Paul, la tarea de completar la lista, si es que piensas que ahora hay más…

—Pero… ¿No hemos dicho que no se crean?... No me confundas. En todo caso, yo creo que han evolucionado, se han sofisticado, y algunas se han potenciado, dándoles más importancia. Esto también depende de cada sociedad y de su grado de evolución o desarrollo, pero como Sei, sigo pensando que el hombre tiene siempre las mismas necesidades específicas o naturales, y que son universales. Es la forma de satisfacer tales necesidades lo que cambia a lo largo de la historia y de las sociedades, creando (ahora sí) y construyendo nuevos medios de satisfacerlas.

»En cualquier caso, Jin, aportaré lo que pienso y modificaré con mis ideas y comentarios tu lista, a saber:

Necesidades básicas o primarias

Aquellas esenciales para la vida, para la supervivencia del individuo. Incluimos aquí:

- **Fisiológicas**: como alimentarse o comer, beber (agua, no gin tonics…), dormir y descansar, moverse, respirar, abrigarse, y en general todas aquellas necesidades fisiológicas, que son las más potentes, y si no son satisfechas desplazan a las demás y pueden dominar la conducta del individuo.

- **Seguridad**: la necesidad de protección contra el daño o el peligro, seguridad física, de salud, de recursos, sentirse seguro y protegido (ojo, el peligro puede ser real o imaginario); es muy importante la seguridad por ejemplo en el caso de los niños que no pueden procurarse protección ellos mismos. En el caso de los adultos, la necesidad de seguridad y estar libre de peligros se ve reflejada en la búsqueda de estabilidad frente a los problemas futuros, y entre otros, la seguridad del yo y de la familia, y de que las necesidades fisiológicas sigan estando cubiertas. La vivienda sería un reflejo de esta necesidad, la búsqueda instintiva y primitiva de guarida, de refugio protector (ojo, pero también la motivación para buscar vivienda propia puede surgir de la necesidad de libertad, independencia, y autorealización, o surgir a partir de una necesidad jerárquica o de autoestima si lo que buscas es un ostentoso palacio)

Necesidades secundarias

Si bien, no significan que sean menos motivadoras que las primarias, y de hecho hay personas que tratan de satisfacer primero necesidades secundarias, aún cuando no tienen cubiertas las primarias, o a riesgo de ellas. Aquí podemos incluir las siguientes:

- **Sociales**: de aceptación, de pertenencia al grupo, de afecto, de amor, de amistad; todo lo relacionado con interacción social e interpersonal, como tener pareja, dar y recibir afecto, compartir con los demás, participar en actividades con amigos, familiares, grupos, etc. Aunque no lo haga Sei, podemos también incluir aquí las necesidades jerárquicas, aquellas que necesitamos por estar o para alcanzar un nivel jerárquico o social, para ser aceptados en ese nivel, pero hay que destacarlas porque son muy importantes y el origen de muchas motivaciones hoy en día.

- **De autoestima y reconocimiento**: relacionadas con el ego, y también con el deseo de superación, con la necesidad de destacar, tener éxito, prestigio, fama, gloria, amor propio, reputación, status, y respeto por parte de los otros. En cierto modo, están muy relacionadas con las necesidades sociales, ya que una vez que un individuo pertenece a un grupo, quiere destacar dentro de él, subiendo así su autoestima y confianza en uno mismo.

- **Espirituales y de autorealización**: aquellas que apelan al espíritu y al sentimiento, al deseo de trascender y de autorealizarse, pueden ser necesidades artísticas, como poesía, música, pintura, etc., o buscar dar sentido y significado a la vida. Pueden ser la búsqueda de ciertos ideales y pueden incluir o no el sentimiento religioso (ojo, una persona atea puede tener gran necesidad espiritual). También se incluyen las necesidades de saber las causas de las cosas, el deseo de comprender el mundo que nos rodea, y el de descubrir cosas nuevas y explorar lo desconocido.

—Jin, estoy pensando que esta clasificación, a pesar de lo que dijera Sei, es contradictoria y demasiado jerárquica. Yo voto que a las secundarias las llamásemos necesidades prohumanas, pues en buena medida son exclusivas de las personas y nos diferencian de los animales; aunque no sea totalmente, pues por ejemplo ellos también tienen necesidades sociales y de afecto, pero mayoritariamente compartimos con ellos las necesidades básicas y destacamos en cambio en estas necesidades secundarias o prohumanas, ¿qué te parece?

—Vale, Paul, me gusta la idea, aunque no tengo claro qué pensaría de ello una colonia de millones de hormigas, que las hay, organizadas en una sociedad que puede llegar a ser tan compleja como la nuestra, a saber que necesidades tienen… lo mismo hasta tuitean pero con menos caracteres…

—Me encanta tu ironía, Jin.

—Es lo que tenemos los seres de naturaleza ubicua.

—Vale, pero el caso es que no me convence mucho esta clasificación. Hoy en día hay conceptos que han evolucionado de tal manera que no está claro si son necesidades secundarias o primarias. También verás que he omitido deliberadamente algunas necesidades…

—Sí, me he dado cuenta, continúa.

—Por ejemplo, ¿el deseo de reproducción es una necesidad primaria? Sin él no hay supervivencia de la especie (a no ser que lleguemos a ese punto en que la reproducción deje de hacerse por humanos y sea labor exclusiva de máquinas en un laboratorio, como ciertas películas de ciencia ficción). Pareciera que es primario, pero hay gente que no desea reproducirse, no tienen ese instinto, de alguna manera puedes vivir sin ello y no es imprescindible tener hijos. ¿Y el deseo sexual? ¿Es sólo secundario o es primario? ciertamente se puede vivir sin sexo, no te mueres como pasaría si no bebieras, pero ¿alguien duda que es un instinto primario?

—Te entiendo, la jodienda no tiene enmienda, también pasaba en mi época…

—Eres un cachondo, Jin… Y por cierto, ¿de qué conoces tú Twitter?... O mejor, no me respondas, me da la sensación que has tenido mucho tiempo libre en tus últimos lustros.

—Bueno, también había mensajería en mi época, menos sofisticada y más lenta, pero teníamos la misma necesidad.

—Mejor sigamos, que te vas por las ramas, Jin… ¿Por dónde iba yo?... Ah, sí: ¿Y las necesidades de educación, trabajo y una vivienda digna, no son igual de primarias, aunque se pueden clasificar en alguna de las secundarias? Sí, un mendigo puede no tener vivienda, pero puede sobrevivir, aunque sea malvivir. Miles de niños no tienen educación en el planeta, pero sobreviven sin ella, y no hablemos de los parados... En fin, de alguna manera hay necesidades universales, necesidades básicas que son tan trascendentales como el comer y el beber y que son una exigencia moral hoy en día...

—De acuerdo, Paul, pero creo que ahora eres tú el que te estás yendo por las ramas.

—O por la tangente... Pero sí, tienes razón. Así pues, aquí dejo este asunto. Este puede ser un buen punto de partida para que el lector curioso siga investigando por su cuenta, y se pregunte si es necesario por ejemplo una nueva clasificación de necesidades diferente a la clásica, o incluso que se cuestione si las necesidades siguen o no la primera ley de la termodinámica, y que a partir de aquí saque nuevas conclusiones.

»Y mientras tanto, centrémonos en nuestro objetivo:

¿Qué es Vender?

Ahora que conocemos un poco mejor las necesidades, podemos intentar responder a alguna de las preguntas iniciales y decir esa frase tan conocida que también incluía Sei en tu libro:

"Vender es satisfacer las necesidades del cliente"

Es por eso que las empresas producen y ofrecen medios de satisfacer esas necesidades, generalmente más allá de las fisiológicas y de seguridad, más allá de las primarias.

Por ejemplo, la famosa bebida de cola no intenta vender solo el satisfacer la mera sed, no sólo la necesidad fisiológica, sino muchas cosas más, como la de pertenencia a ese grupo de jóvenes que se divierten, a ese mundo idealizado de felicidad por consumirla, vende alegría, vende juventud, diversión, frescura, energía, actividad, autorecompensa.

Vende algo más que una bebida, vende una marca que es un icono mundial, y que es para todos, una idea con la que los consumidores se pueden sentir identificados, de confianza y de prestigio, exalta la familiaridad y el compañerismo, vende también éxito en la vida y un cierto status y elegancia que sube la autoestima.

Vende disfrute social en reuniones, fiestas y celebraciones, que generan pertenencia, filiación, amor social y la seguridad psicológica de ser aceptado por los demás.

Vende sensaciones de gratificación, de optimismo, y en definitiva, vende felicidad —pues como el lector ya se habrá dado cuenta y puede comprobar por sí mismo— de hecho nos han vendido a lo largo de sus múltiples campañas todas y cada una de las necesidades que hemos listado, y que se resumen en la primordial.

Podríamos incluso haber hecho nuestro mismo listado a la inversa, partiendo sólo de las necesidades que intenta cubrir la famosa bebida…

Ese era un ejemplo muy extremo pero sencillo: en la mayor parte de los casos todos los vendedores se encuentran con productos y con clientes donde no está tan claro qué necesidad hay que satisfacer o pueden satisfacer, por lo que ese es uno de los ejercicios que debemos hacer, el encontrar en base a qué vendemos, y qué necesidades debemos cubrir, qué satisfacciones darán la posesión de ese producto o servicio en el cliente particular, y qué necesidades debemos de estimular para vender más. Y hay que tener presente todas estas necesidades a la hora de escuchar al cliente.

Como ejercicio, el lector curioso puede pensar, por ejemplo, que necesidades trata de satisfacer una marca como Rolls-Royce… Y así con otras muchas.

En el apartado de clientes veremos también que aparte de la satisfacción de necesidades, hay que tener en cuenta las motivaciones del cliente y sus expectativas, que son cambiantes, y que hay que cumplir, y superarlas si es posible para lograr la fidelización del cliente.

—Paul, Sei también decía que no solo hay que satisfacer necesidades sino que para vender mejor había que convencer, ¿qué opinas?
—Sí, Jin. Pero no solo convencer, y aquí está otra de las respuestas a las preguntas iniciales:

> **"Vender no es solo convencer, vender es también persuadir, y persuadir para que haga el negocio que nosotros proponemos"**

Convencer mueve la razón: el cliente reconoce la verdad de algo, cambia de opinión o de conducta por razones y argumentos lógicos que le damos, que apelan a su intelecto y reflexión crítica, que son tangibles, demostrables, algo explícito, y le mueven a cambiar de opinión o decisión.

»Persuadir en cambio mueve el sentimiento y la voluntad: hacemos que hagan o decidan algo apelando a sus sentimientos, no es racional sino emocional, casi irreflexivo. El cliente reconoce los beneficios y utilidades que le persuaden más, no sólo movido por las características del producto, sino por razones psicológicas, por emociones y sensaciones, movido por el corazón, no por la cabeza. La mayoría de nuestras decisiones las tomamos por motivos emocionales, y no por pura lógica.

—Así pues, Paul, la venta es un acto de persuasión.

—Sí, Jin. Pero ojo, persuadimos para que haga el negocio o operación que nosotros le proponemos, el que yo quiero que haga o tengo previsto, y no el que quiere el cliente; en ese último caso, puede que te compren, pero no vendes.

—Creo que Sei estaría de acuerdo. Ella también tenía claro que no es lo mismo vender que dejarse comprar.

—Persuadir tiene más impacto que convencer, pero si sólo persuadimos, tarde o temprano, el cliente puede reflexionar y llegar a la conclusión de que ha sido engañado, y de que nuestra propuesta no le convence. Por lo tanto, hay que combinar ambas cosas, convencer con argumentos y persuadir con emociones. Y esa es la fórmula ganadora para vender más y mejor.

—Así dicho parece fácil.

—Sí, pero para ello tenemos que empezar por conocernos a nosotros mismos, conocer las reacciones humanas y las emociones, las nuestras y las de los demás; y en ese sentido la persuasión tiene mucho que ver con la empatía, con ponerse en el lugar del otro.

—Ahora entiendo; por eso Sei trataba también de conocer a los clientes, sus motivaciones y psicología, y de conocer a los vendedores, hablando de sus virtudes y defectos. Y de cómo combinarlos para que al final ambos sean felices.

—Y si conocemos todo eso, se puede aprender a vender.

—¿Lo que sea?

—Sí, da igual el producto; pero por supuesto tienes también que conocerlo muy bien: si no conoces tu producto es difícil convencer y persuadir, por mucho que sepas de tus clientes; podrás vender, pero no más y mejor.

»Y conocer tu producto supone también conocer tu empresa y a ti mismo como vendedor, pues ambos son parte del producto también. ¿No es eso lo qué también decía tu libro según me has contado?

—Sí, es similar. Sei decía que hay que conocer a los clientes, al producto, a los vendedores y cómo conjugarlos para vender más.

—¿Resumimos lo que conocemos hasta ahora para vender más y mejor, Jin?

—Me parece bien.

—Vamos a ello:

- Las necesidades son universales, no se crean, pero hay que estimularlas.

- Hay que conocer esas necesidades, y reconocerlas, averiguar cuales están detrás de cada caso, analizar cómo han evolucionado y siguen evolucionando, independientemente de su clasificación primera: necesidades fisiológicas, de seguridad, sociales, de autoestima y reconocimiento, espirituales y de autorealización. Y el resumen último de todas ellas es la búsqueda de la felicidad.

- Vender es satisfacer las necesidades del cliente.

- Vender no es sólo convencer sino también persuadir, y persuadir para lo que nosotros queremos vender, en la dirección de nuestra propuesta.

- Para vender tenemos que conocer el cliente y el producto, y en consecuencia conocernos a nosotros mismos.

—¿Por donde sigue tu libro, Jin?

—Por los vendedores.

—Creo que ahí tendremos mucha discusión. Pero sigamos, pues tenemos mucho que ganar.

CAPÍTULO 3: LOS VENDEDORES

Llevo varios días dándole vueltas a todo lo que Jin me dice que pone en su libro, y en lo que respecta a los vendedores está un poco anticuado, pues en aquella época las cosas eran más simples, había pocos tipos de vendedores, así como había pocos tipos de empresas, y de productos. Las ventas eran más simples y era más fácil analizar esa fuerza de ventas que llamamos buenos vendedores. Por otro lado no existía tanta información y los compradores tenían una visión limitada del mercado y de los productos.

Pero ya no es así, la Era de la Información ha cambiado las reglas del juego, y hoy en día el papel de los vendedores ha evolucionado, se ha diversificado hasta el infinito y ha cambiado hasta tal punto que no está claro cuál es su papel actual y futuro. Pero sigue siendo imprescindible la figura del que trata con el cliente en una u otra fase de la venta, incluso si ya no es en todos los casos el que cierra la venta: si no es al principio, es en el medio, o al final, o incluso después de la venta, tiene todavía razón de ser el vendedor como elemento de la empresa que tiene una comunicación directa con sus clientes, actuales y potenciales. Por lo menos hasta que no lleguemos a ese punto en que todos seamos substituidos por máquinas y robots.

Por lo tanto, las características que tienen que tener, sus defectos, sus virtudes y muchos de los consejos necesarios para vender más y mejor siguen siendo aplicables, si bien han cambiado los medios, los canales y las herramientas para aplicarlos, y cómo el cliente percibe la venta; cambian también las expectativas y lo que espera el cliente, pero no por ello deja de ser tarea del vendedor el cumplirlas y superarlas.

¿Qué significa ser Vendedor?

—Hoy en día, nadie es vendedor.

—¿Cómo es eso, Paul?... Me dejas sorprendido, pasmado, boquiabierto, y eso que no tengo boca…

—Bueno, en realidad todos vendemos, de una u otra manera, no sólo en un trabajo relacionado con ventas, sino en cualquier otro trabajo, y en el día a día con tu pareja, tus amistades, tu entorno, y en general en todas nuestras relaciones.

»Vendemos a diario aunque no nos demos cuenta: vendemos nuestra imagen, nuestra estética, nuestras ideas, nuestra capacidad, nuestras relaciones, nuestra forma de ser, y hasta nos vendemos a nosotros mismos, dándonos argumentos que justifican lo que hacemos y decimos, y nos estimulamos para conseguir nuestros objetivos; negociamos con los demás, con nuestra familia, con nuestra pareja, con los amigos, etc. Vender es fundamental en nuestras relaciones sociales y humanas, pero nadie es vendedor…

—Sigo sin entenderte, explícate.

—El problema es que hoy en día vendedor es una palabra con connotaciones muy negativas. El cliente y consumidor ya está muy desconfiado, le han engañado muchas veces, y tiene en mente una imagen de vendedor de la que huye, y se le encienden las alarmas cuando ve signos similares al estereotipo: un vendedor agresivo, que se hace el simpático, que finge, que nunca acepta un no por respuesta, que presiona, que tiene mucha labia, que habla mucho y fuerte, pero que engaña, que no comprende sus problemas, un charlatán, un tahúr, sólo quiere vender, vender, y vender…

»En definitiva, la profesión de vender no se la ve como otras profesiones que exijan títulos y conocimientos. No está valorada en ese sentido. Suena mejor, por ejemplo: ingeniero experto en neuromarketing & customer engagement…

—Desde luego, Paul, hasta yo le prestaría atención con ese nombre…

—Además, como dijimos al principio, hoy en día se han diversificado muchísimo los nombres de profesiones, actividades y oficios que en el fondo llevan un vendedor dentro, o que debieran llevarlo, y que deben conocer cómo vender más y mejor. Por ejemplo, y entre otros muchos:

- Comerciales, técnicos comerciales, comerciantes, responsable comercial, representantes, gerentes, agentes, exportadores, distribuidores, mercaderes, dependientes, tenderos, proveedores, viajantes, feriantes, empresarios, asesores, negociantes, gestores, directivos, promotores, ejecutivos, intermediarios, formadores, prescriptores, "influencers", líderes de opinión, blogueros, comunicadores, jefes de compras, ejecutivos de cuentas, consultores, expertos en marketing, expertos en "coaching", motivadores comerciales, expertos en redes, en SEO/SEM, directores de ventas, de recursos humanos, compradores personales, agentes de seguros, promotores de cartera, entrevistadores, emprendedores, estudiantes de cualquier carrera, y así un largo etcétera.

—¿Incluimos a los políticos?

—Están ya incluidos, Jin, ¿no sabes que dentro de cada español hay un filósofo, un político y un entrenador de fútbol?

—Entendido, nadie es vendedor, pero todos lo son.

—Exacto. Todos están relacionados de una forma u otra con una situación de compra y venta, ya sea dando soporte, comunicación, información, asistencia, o prospectando, asesorando, relacionando, gestionando, promocionando, etc., y no solamente vendiendo directamente productos, servicios o ideas.

—Entonces, visto lo visto, ¿qué significa hoy ser vendedor?

—Desde luego está claro lo que no significa: no significa que no valgas para nada mejor. No significa aquello que se decía antiguamente, que si no tenías aptitudes para otra cosa, pues hala, a vender. Hay muchos profesionales que son vendedores, y hay muchos vendedores profesionales, y ambos están formados, son cultos, trabajadores, triunfadores, y hasta podemos decir que el nivel de ingresos de un buen vendedor suele estar por encima de otras profesiones que tradicionalmente han estado mejor consideradas, aparte de ser muy demandado.

»Ser vendedor podemos serlo todos, y de hecho lo somos, pero ser un buen vendedor profesional no es algo que cualquiera pueda hacer bien sin una formación específica. Es necesaria una formación en cualquiera de los múltiples campos de la industria y el comercio en el que se desarrolle la actividad, formación que puede ser más o menos técnica. Así como también es necesaria una adecuada formación en ventas, ya seas un profesional-vendedor o un vendedor-profesional; y como en cualquier profesión en este mundo tan cambiante y que evoluciona con rapidez, los profesionales deben estar formándose continuamente; por eso hay vendedores con mejores resultados que otros, hay vendedores buenos y amateurs, igual que hay médicos buenos y malos (y perdón si alguno se ofende, es solo un ejemplo, pero yo he sufrido a más de uno)

—Otra vez te vas por la tangente, Paul…

—Ya, es que de hecho lo que significa hoy ser vendedor tiene que ver realmente con el siguiente capítulo, con lo que va a significar mañana, lo que he titulado "El Vendedor del Futuro".

—Eso desde luego no lo escribió Sei…

—Ya, y por eso espero me permitas que ponga nombres rimbombantes y grandilocuentes como el que le he puesto.

—Proclamo por escrito que no te maldeciré por ello desde el más allá del más acá de donde quiera que esté ahora, ni yo ni Sei...

—Eres un ángel, Jin.

—¡No!, eso seguro que no, o no estaría aquí contigo…

El Vendedor del Futuro

—Como decía Aristóteles: "Lo único que no cambia, es el cambio"…

—Ya, Paul, y también decía un proverbio japonés: "Si vas a creer todo lo que lees, mejor no leas"…

—Pues ya me has fastidiado, Jin… Pero sí, de tanto leer como cambia todo y como va a cambiar, de tanto ver, oír y hablar de las nuevas tendencias, de las nuevas tecnologías, de los nuevos modos de comportamiento, nuevos modos de consumo, nuevos modos de relacionarse, de la nueva era de la información, el big data, el internet de las cosas, de la robótica, de los dispositivos móviles, de la multi-conectividad, la inteligencia artificial, la realidad virtual, etc., al final uno cree que en el futuro habrá grandes cambios, pero yo en realidad veo que cada vez hay mayor deseo de ir más despacio, hay un efecto rebote, queremos lo que ya no tenemos, lo que hemos perdido con tanta tecnología.

—¿Y que hemos perdido, Paul?

—A nosotros mismos. No hay más que mirar alrededor: la ecología y la conciencia de que ya hemos fastidiado el aire, el agua, la tierra y el planeta de forma irreversible con el cambio climático, la conciencia de que el mundo es cada vez menos humano, la globalización, una cultura de masas de borregos, un consumismo extremo, una necesidad de volver a los orígenes, al estilo de vida lento, a una mejor calidad de vida, a tomar el control de nuestro tiempo, a un equilibrio entre la tecnología y las personas, a no ir tan rápido, la tendencia a un comercio justo, a comidas más naturales y menos artificiales, la vuelta al campo, a los orígenes, a la producción sostenible, a actividades espirituales y no tan superficiales, a desconectar de este mundo…

»Hay tanta información que no podemos digerirla. Las tecnologías avanzan más rápido que la capacidad humana para gestionarlas.

—¿Y qué tiene que ver esto con nuestro vendedor del futuro?

—Pues tiene que ver, y mucho: ya está claro que los compradores, en su constante evolución, disponen de más información que antiguamente, ya tienen adelantado el proceso de compra en gran medida, cambiando su relación con el vendedor; ya el proceso de venta no es solo convencer y persuadir de una propuesta de valor y cerrar el trato. El cliente de hace 10 años ya no es el mismo, es un superconsumidor y un supercliente, y compra basándose en mucha más información, recomendaciones de internet y referencias. Se informa antes, compara tu producto y el de la competencia, y en muchos casos, casi puede tocar el producto, no necesita que un vendedor se lo muestre en muchos casos, y eso lo cambia todo.

»Puede que el futuro nos traiga "vendedores robots", con inteligencia artificial, que tengan todos y cada uno de los datos del cliente, que sepan sus necesidades y sus proyectos —de hecho los mismos clientes y consumidores hablan de ellas en sus redes sociales, en sus búsquedas, en sus huellas digitales por la red— de tal forma que recopilarán automáticamente la información del posible comprador para hacerles seguimiento automático hasta lograr la venta, estarán programados para aprender como satisfacer las necesidades del cliente, para adelantarse a ellas, para preverlas, y proveerlas, nos podrán leer la mente…

—¿Internet matará al vendedor?

—No, se necesitan mutuamente. Precisamente porque todo estará tan automatizado, tan impersonal, tan irreal, el cliente demandará en último extremo un trato personal, las personas compran personas. Habrá un porcentaje de ventas automatizadas, a través de una tecnología cada vez más compleja, pero por lo mismo, habrá otras muchas que necesitan del componente personal, sobre todo por lo que hemos dicho, la creciente desconexión entre la tecnología y la humanidad. El rebaño volverá al redil, a querer encontrarse, a buscar un refugio, a buscar su felicidad. Por otro lado, los clientes verán todos los productos competidores casi iguales, todos estarán perfectamente diseñados para satisfacer sus necesidades, todos ofrecerán grandes experiencias de compra, por encima de precio y marca. Pero con el tiempo, el bosque será tan grande…

—… Que no dejará ver los árboles, esa me la sé…

—En realidad era al revés: los árboles no dejarán ver el bosque… pero yo quería decir que el bosque será tan grande que no sabremos cómo salir de él: tanta información abruma, desinforma, no podemos gestionarla. El rebaño necesita al pastor que le guíe por el bosque, lleva ya mucho tiempo oyendo al lobo y está mosqueado. Internet no reemplazará al vendedor, será un soporte más, y el vendedor del futuro seguirá siendo de carne y hueso. Sí, habrá una explosión de canales de venta, que el vendedor profesional tendrá que dominar, tendrá que adaptarse a todas las nuevas tecnologías que surjan, y sobre todo, especializarse; y sí, los vendedores venderán más soluciones que productos, las ventas serán más consultivas, y casi que el vendedor construirá el producto con el cliente, y ambos encontrarán como mejorarlo, pero por eso mismo siempre habrá un componente relacional, habrá relaciones interpersonales, habrá un equilibrio entre la inteligencia humana y la artificial.

—¿Entonces el vendedor del futuro será un pastor?

—Más bien un líder, que tendrá la confianza del cliente, que dará valor con nuevas ideas, que proporcionará un conocimiento experto, y que educará a sus clientes. Le comprarán por su reputación, independientemente del producto que venda y necesariamente será un profesional, preparado, y que controlará el proceso de venta, agregando valor más allá de la solución que venda. Y ese valor necesariamente tendrá que traducirse en ahorrar tiempo y dinero al cliente, y en darle seguridad.

—¿Y que mas necesitará el vendedor del futuro?

—Un aprendizaje permanente. Tendrá que tener visión de negocio, de la industria y de todo lo que preocupa al cliente. Venderá soluciones personalizadas, pero aportando nuevas ideas y perspectivas. Será un vendedor profesional, o no será.

—¿Y todo eso no lo podrá hacer un robot?

—No, porque lo importante es la persona. La vuelta a los orígenes, que te decía al principio. Las empresas de hoy no buscan ganarse a los clientes, sino ganarse a sus corazones; por ello, en el futuro, los aspectos de los vendedores más apreciados por los compradores seguirán siendo los de toda la vida: confianza, amabilidad, profesionalidad, paciencia, presencia, empatía, sinceridad, honestidad, integridad, creatividad, flexibilidad, capacidad de respuesta, de comunicación, de gestión, y de actuar siempre para beneficiar el interés del cliente.

—Pues en ese sentido, Paul, se parece mucho a lo que decía Sei que tenía que tener un vendedor.

—Es que algunas cosas nunca cambian.

—Y ese futuro, ¿está muy lejano?

—El caso, Jin,… es que ese futuro ya está aquí…

—La cagamos…

—Pues sí.

Quince Defectos de los Vendedores

—Todos tenemos defectos, al fin y al cabo somos personas…

—Algunos ya no, Paul.

—Eso no te hace perfecto, Jin.

—Pero voy en camino, con tu ayuda.

—No te las des de sublime, por de pronto sigues siendo etéreo…

—Más bien intangible, abstracto y volátil.

—¡Pues vete a volar por ahí!

—Que poco tacto tienes… y eso que ibas a hablar de los defectos de los vendedores.

—Grr… exageras, y hablas demasiado.

—¿O sea que ya has empezado?

—Digamos que sí. Es verdad, realizar observaciones vacías, exagerar, hablar mucho, discutir con el cliente, y no ser claro, son algunos de los defectos más comunes de los vendedores, ahora y en tu antigüedad.

—Cierto.

—Como hemos dicho, para vender más y mejor, necesitamos conocernos a nosotros mismos, mejorar nuestros puntos débiles, y eso incluye reconocer nuestros defectos, o no llegaremos nunca al corazón del cliente. Tenemos que hacer un ejercicio de introspección y asumir la necesidad de superarnos.

»En ese sentido, aquí listamos algunos errores que hay que evitar, y proponemos algunas posibles soluciones. Por supuesto, el listado no es exhaustivo, hay muchos más, tantos como vendedores, tantos como personas, tantos como situaciones, pero si por lo menos aprendemos a evitar los siguientes, ya habremos ganado mucho para poder vender más y mejor:

1. Desconocer las técnicas esenciales de venta: si el lector ha llegado hasta aquí, ya tiene un paso dado, pues tiene claro que el vendedor profesional tiene que formarse, y además de forma continuada: el mundo cambia, los clientes también, y nosotros con ellos, no hay más remedio que adaptarse o morir, pero hay técnicas comunes que deben conocerse, y luego adaptarlas a nuestra conveniencia y buen criterio. No solo hay que conocer bien el producto propio y el de la competencia, y a sí mismo como vendedor, sino que hay que saber también analizar el cliente, sus motivaciones, sus necesidades, saber cómo poder satisfacerlas, cómo gestionar sus expectativas, y saber cómo conseguir fidelizar al cliente.

2. No conocer al cliente: o no intentar conocerle. Si es posible, hay que buscar primero información sobre tu cliente, su empresa, sus anteriores contactos con tu empresa, porqué compró o porqué dejó de comprar, sus necesidades, motivaciones previas, su mercado, su actividad; hacer una investigación profunda de qué quiere tu cliente y las razones de porqué.

En muchos casos, el problema es no conocer al cliente de tu cliente: si tu producto va a resolver problemas del cliente final de tu cliente, es imprescindible conocer cuáles son esos problemas y cómo tu producto puede ser la solución, siendo de ese modo más que un proveedor, siendo en realidad un socio de tu cliente, que le ayuda a vender a sus propios clientes.

Otro de los problemas típicos es no reconocer cuál es tu cliente, y poner esfuerzo en vender a quien no tiene realmente la decisión de compra, o capacidad para negociar, el cual puede ser desde su jefe hasta su mujer, o puede depender de otro departamento, otra compañía, otras personas, a las que tendrás que llegar, ya sea de forma escalada o directa.

3. Exagerar/mentir/desconocer el producto: la clave para no tener que exagerar o mentir es algo tan primordial como conocer muy bien el propio producto, el mercado y la propia empresa. Si no, lo normal es que digamos cosas del producto que no serán exactas, propiedades incorrectas, exageradas e incluso mentiras.

Si conocemos bien nuestro producto no es necesario exagerar. También es necesario conocer muy bien los productos de la competencia para poder situar a nuestro producto en su justa perspectiva, en comparación fiel con otros del mercado: conocer los puntos fuertes y débiles de la competencia nos evitará tener que exagerar o decir cosas inexactas. Y por supuesto tampoco hay que mentir, porque a la larga se descubre, la verdad sólo tiene un camino, y la mentira es inaceptable. Tampoco hay que ir de listos, puede que el cliente tenga más conocimientos que tú, y te van a dar por todos lados si exageras capacidades, características o beneficios del producto o servicio que no vas a poder defender.

4. Hacer observaciones vacías: no hay que hablar por hablar, por rellenar tiempo, ni intentar aparentar lo que no es. En realidad el que tiene que hacer las observaciones es el cliente. La solución a este error es dejar que el cliente hable, y para ello lo mejor es a través de preguntas y estímulos abiertos, para luego ir concretando más con estímulos cerrados (de sí y no), pero esto forma parte de otra historia que no trataremos aquí.

5. No hacer buen uso del material y herramientas de venta: podemos tener muchas armas a nuestro alcance, pero si nos las usamos, estamos perdidos. Para ello, primero tenemos que reconocer qué podemos usar, tenerlo en condiciones, y usarlo, pero de forma ordenada, no todas a la vez.

Esto comprende, entre otras muchas cosas: catálogos (actualizados), folletos, listas de precios, ofertas, tarjetas, regalos promocionales, artículos de prensa, comparaciones con la competencia, notas técnicas, presentaciones (adaptadas a las necesidades específicas del cliente o audiencia), videos, etc. Y si es posible, también el propio producto, si es necesario hacer una demostración del mismo, si el cliente necesita tocarlo, usarlo, probarlo, o simplemente verlo físicamente.

Hay que utilizar también las ventajas que nos da hoy en día la tecnología, y si por ejemplo es necesario hacer un video de un producto, de cómo usarlo, o de cómo resolver un problema, que va a ayudar a la venta o al servicio del mismo, pues no dejemos de hacerlo.

Otra de las herramientas esenciales de venta son las bases de datos de clientes, y los sistemas de gestión y relación con los clientes, pero ya hablaremos de ello más adelante. La lista de clientes satisfechos, las referencias, las recomendaciones, son también armas de venta muy poderosas que podemos y debemos usar. Y por supuesto, no dejar de usar la tecnología en sus multiples facetas y aportaciones, portátil, tablet, móvil, etc. que también son herramientas de venta.

6. Hacer una presentación incompleta: es típico olvidar puntos importantes, y nos acordamos de que no los hemos mencionado, tratado o negociado, una vez que ya no estamos con el cliente enfrente. La solución está en la preparación previa a cualquier visita comercial, feria, visita de clientes a tu empresa, reunión, conferencia via internet, etc.

En general, ante cualquier ocasión en que vayamos a enfrentarnos cara a cara con un cliente, tenemos que tenerla mínimamente preparada, y ello supone tener claros los puntos importantes e imprescindibles que hay que tratar, y que no se deben olvidar: hacer una lista de ellos es imprescindible y tenerla a mano durante la reunión también puede ayudar, pero es fundamental que los tengamos en la cabeza, que los hayamos trabajado previamente.

Hay que improvisar lo menos posible, la clave está en la preparación previa, y eso incluye conocer con anterioridad al cliente, si se puede, informarnos sobre el cliente, la empresa, conocer sus necesidades, tener preparadas las posibles objeciones, y las posibles soluciones.

7. No ser claros: hay que tener cuidado con la forma de hablar, no hay que dar rodeos innecesarios, y desde luego no hay que dar conferencias magistrales. Hay que resumir. Si explicamos mucho posiblemente nuestros argumentos principales perderán fuerza, se diluirán entre tanto ruido, es preferible ser claro y conciso, y tener en mente nuestro objetivo, sin desviarnos, sin irnos por las ramas, al grano.

Si el cliente no entiende lo que le decimos, estamos creando barreras, y eso tiene también mucho que ver con el vocabulario inadecuado, que puede ser a veces demasiado técnico o demasiado coloquial: tiene que ser lo más cercano al cliente, para lo cual es necesaria la empatía.

8. No escuchar/Hablar en exceso: el que tiene que hablar es el cliente, pues mayoritariamente necesitan que alguien les escuche. Hay que saber escuchar, y un error muy grande es dejar al cliente sin hablar, y hablar nosotros en exceso; escuchando demuestras que te interesas por su problema, hay que ponerse en su lugar, con empatía. Escuchar y preguntar es la base de la venta.

Si no escuchamos, y no hemos encontrado previamente el problema, no podemos dar soluciones. Debemos preocuparnos por entender las necesidades del cliente, y eso nos ahorrará tiempo, a nosotros y al cliente.

No malgastes el tiempo aburriendo al cliente con un discurso preconcebido, repetitivo, y no centrado en lo que el cliente realmente necesita. Escucha, escucha mucho, y venderás más y mejor.

9. Discutir con el cliente: se pueden mantener posiciones enfrentadas, pero nunca hay que discutir; eso sí, cada uno en su sitio, sin dejarse intimidar. Y si lo que el cliente espera o quiere no se lo podemos dar, no tiene sentido discutir.

Por supuesto, esto tiene mucho que ver con la escucha activa de la que hemos hablado, y con la empatía y la actitud de servicio. En una discusión ambos perdemos, nosotros y el cliente. Discutir no lleva a ninguna parte.

10. Hablar del precio de forma inadecuada: el precio de un producto nunca es caro, si su precio es alto es porque lo vale, no hay que poner mal al producto por ello, y hay que defender su precio con una argumentación lógica de porqué vale más que otro de la competencia por ejemplo. Para ello es imprescindible conocer bien el producto, y el de los competidores.

Hay varias formas de hablar del precio; lo normal es no nombrarlo al principio, sino sólo cuando a través de una argumentación ya se han dado una serie de características y beneficios, que han sido aceptados como tal para el cliente; una de las mejores maneras es la de tipo "sándwich": argumentación-cualidades-beneficios-ventajas-Precio-seguido por más beneficios y ventajas que no se dijeron previamente.

El precio es importante en la decisión de compra, pero ya hemos dicho que las personas se guían más por las emociones, por lo que el precio no debe de ser la razón única. La razón de compra debe basarse también en emociones como la confianza, la seguridad, el prestigio, la diferenciación, etc. El motivo de compra se basa en valores, y el precio es uno más, no el único.

También hay que intentar minimizar el efecto negativo del precio a la hora de mostrarlo, "reduciéndolo": es preferible hablar de X euros al mes que del total, decir que es "solamente X euros", o compararlo con otros precios de otros productos de mayor precio. Hay muchas técnicas al respecto, y hasta sería asunto de otro libro, por lo que dejamos al lector curioso la tarea de buscar técnicas de cómo hablar mejor del precio, y adaptarlas al caso particular, ya que no todas son aplicables en cada tipología de venta o en cada nicho de mercado.

11. Cerrar la venta débilmente: este es uno de los defectos más típicos y usuales, se tiene generalmente miedo a cerrar, y cerramos de forma débil, tímida, como rogando que nos compren, lo que produce falta de convencimiento en el cliente; o peor aún, no llegamos a cerrar, aún cuando había posibilidades. Por otro lado, si la argumentación ha sido escasa y el cliente no está todavía listo para cerrar, también es un error intentar cerrar antes de tiempo, hay que estar seguro de que el cliente quiere también que cerremos la venta, y hacerlo entonces con convicción. Pero no ser agresivo, tiene que haber un equilibrio, que se consigue con la práctica, con la constancia, y con la preparación, reconociendo cuando cerrar, y cuando aprovechar oportunidades de cierre.

12. No provocar deseos de comprarte a ti: hay que estimular al cliente, suscitar, provocar y persuadir. Se trata de vender con ganas, que la gente note tu fuerza, tu energía positiva, y que se traduzca en deseo de comprarte a ti, y no a otros. Generar confianza. La actitud es muy importante, y el cliente debe notar que trabajas para ayudarle, y no para ayudarte a ti mismo.

La actitud de servicio al cliente es el éxito de muchas gestiones comerciales. Esto incluye la buena estética, la puntualidad, la formalidad, el tacto, no hablar mal de la empresa, ni del producto, ni de la competencia, y tampoco hablar mal o revelar secretos de otros clientes, lo que haría imposible que tuvieran confianza en ti.

13. Poca constancia: a veces el cliente te compra por tu constancia. No hay que relajarse, y si no te acuerdas tú del cliente, ¿cómo se va a acordar el cliente de ti? Hay más competidores, y es muy fácil que se olvide de ti, pero si tú sigues ahí, le mandas catálogos, le informas, le llamas, le recuerdas los asuntos, le asesoras, le educas en general, él verá en ti alguien que da confianza por su constancia e interés por ofrecerle soluciones; el peligro aquí es caer en lo contrario, y ser un pesado, demasiado insistente, por lo que hay que intentar tener un equilibrio.

Por ejemplo, hay sistemas software CRM ("Customer Relationship Management", o sistemas de gestión de la relación con los clientes) que te recuerdan periódicamente cuando ya toca retomar o contactar de nuevo a determinado cliente por determinado proyecto u oportunidad; esto puede ser al mes, cada dos o tres meses, al año, cada dos semanas, cada día, etc., dependiendo de si la venta es de gestión larga o corta y de la importancia o volumen de la misma;

pero en cada caso hay que valorar si es imprescindible recordar al cliente que estamos ahí, y cómo llamamos su atención, cómo mostramos nuestra constancia sin ser una molestia, sino una ayuda.

La constancia es también muy importante cuando hay que mantener un cliente, sino a la larga, dejará de serlo. La constancia es pues fundamental para la fidelización de los clientes. Y la venta incluye el servicio post-venta.

Constancia significa también cumplir los requisitos del cliente, su satisfacción, cumplir con la calidad y el servicio prometido. Dicho de otra manera: cerrar el círculo. Vender no es hacer operaciones individuales, es hacer auténticos clientes, los que repiten una y otra vez, los que son fieles a ti y a tu producto y hablan bien de ambos. Lo contrario es endosar, y ese tipo de constancia no es la que queremos.

14. No usar elementos diferenciadores: en un mercado tan competitivo, es necesario dar al cliente razones de compra que nos diferencien de los demás. Para ello es imprescindible conocer el mercado y la competencia, analizar nuestros defectos y virtudes, y resaltar aquello que nos diferencia, lo que nos hace únicos, de forma que el cliente no tenga más opción que comprarnos a nosotros.

Solo hay que usar elementos diferenciadores que hayamos averiguado son un beneficio o ventaja para el cliente: podemos ser muy distintos, ya sea la empresa o el producto, en algo que es totalmente indiferente al cliente, por lo que no tiene sentido insistir en ellos; pero es igualmente malo el no usar los elementos diferenciadores cuando pueden jugar a nuestro favor.

15. Centrarse demasiado en el producto, y no en el cliente: en el fondo esto es una consecuencia de los anteriores: no utilizamos técnicas básicas de venta, no escuchamos al cliente, hablamos mucho del producto, en exceso, como no lo conocemos bien, exageramos o decimos inexactitudes del mismo, no somos claros, no conocemos al cliente, no buscamos ayudar al cliente, no buscamos atender sus necesidades, que tu producto puede solucionar o no solucionar, y si lo hace el precio se convierte en algo demasiado importante, no cerramos la venta, no suscitamos deseos de comprarnos a nosotros (aunque el producto sea maravilloso), no nos diferenciamos, no conseguimos el cliente, no nos ganamos su confianza y no fidelizamos al cliente, porque no nos centramos en él.

No es cuestión de olvidarse del producto, es cuestión de preguntarse: ¿realmente quieres que tu producto resuelva los problemas del cliente? Si la respuesta es sí, hay que partir del cliente a la solución y no al revés.

En definitiva, la solución es ser un profesional, igual que un médico, que no receta una medicina si antes no ha escuchado al paciente, si no ha hecho pruebas que confirmen el problema, o si piensa realmente en ayudarle (o no debiera recetar al tuntún,... pero ese es otro tema)

—Paul, creo que te has olvidado un error que Sei mencionaba como uno de los principales.
—Seguro que me he olvidado muchos, la lista no puede ser infinita, y la de Sei tampoco lo era; yo he puesto 15, pero pueden ser 51 si se desea. Pero dime, Jin.
—El error de vender únicamente características y no beneficios.
—Claro, está de alguna forma dicha, ya la hemos mencionado en capítulos anteriores, y es una consecuencia directa también de conocer a tu cliente, y conocer sus necesidades, y de centrarnos únicamente en el producto y no en el cliente: las personas compran soluciones, ventajas, no características. Compran beneficios, y si conocemos realmente en profundidad nuestro producto, el mercado, la competencia y sobre todo a nuestro cliente, sabremos qué beneficios debemos vender, y como llegarle al corazón.

»Pero tienes razón, no la he mencionado expresamente como error porque esa característica, pero en positivo, el vender beneficios y no características, está incluida en el siguiente capítulo, el llamado las 7 virtudes del vendedor.

—¡Anda!, ¿cómo las 7 virtudes de los samuráis de las que te hablé?

—Parecido, sino las mismas, o por lo menos tienen principios similares.

—Pues adelante.

Las Siete Virtudes del Vendedor

—Por favor, Jin, recuérdame esas 7 virtudes de los samuráis.

—Te las recuerdo:

- Yuki: Coraje, valor.
- Jin: Benevolencia, generosidad.
- Gi: Justicia, integridad, rectitud.
- Rei: Respeto, cortesía.
- Makoto: Sinceridad, honestidad.
- Chugi: Lealtad, fidelidad.
- Meiyo: Honor, dignidad y prestigio.

—Veo que estás incluido, ¿eres benévolo y generoso?

—Bueno, mi nombre también significa otras cosas, pero algo tengo de ello.

—Sabes Jin, de algún modo me recuerdan a las 7 virtudes que contrarrestan los 7 pecados capitales.

—¿Y cuáles son, Paul?

—Los siete pecados capitales son: Soberbia, Avaricia, Lujuria, Ira, Gula, Envidia y Pereza. Todas ellas son tentaciones que hay que evitar con las 7 virtudes: Humildad, Generosidad, Castidad, Paciencia, Templanza, Caridad y Diligencia.

—¿Y qué tiene que ver todo esto con nuestro vendedor?

—Pues tiene que ver y mucho: de hecho son características que se le exigen, pero no sólo a ellos, sino a cualquier profesional, incluso también a sus clientes, que no dejan de ser personas. Muchas veces hablamos de paciencia, saber escuchar, empatía, confianza, iniciativa, perseverancia, capacidad de gestión, honestidad, determinación, seguridad, disciplina, responsabilidad y otras muchas cualidades que se le atribuyen al buen vendedor, pero que son comunes a todas las profesiones. Por cierto, Sei también las incluía en tu libro.

—Entendido, pero aparte de esas virtudes que debieran ser comunes a todo el mundo, ¿cuáles son específicas e imprescindibles para vender más y mejor?

—Son las siguientes, escucha Jin:

—Soy todo oidos sin orejas.

—Un perfecto estéreo de 360 grados… Me refiero a que esto es importante, porque aunque muchas virtudes son obvias, y se han repetido miles de veces, la verdad es que muchas veces no se cumplen, y son esenciales, imprescindibles:

1. Conocer bien el producto y la empresa: el buen vendedor profesional estudia el producto antes de venderlo sin más. Es imprescindible conocer en profundidad el producto o servicio.

Saber lo más posible de él, nombre, clase de producto, características físicas, versiones, modelos, componentes, funciones, hechos, cifras, materiales, aplicaciones, cómo se usa, instalación, cómo se fabrica, cómo se vende, qué incluye y qué no incluye, diseño, presentación, envase, calidad, garantía, mantenimiento, servicios, normativa que cumple, precios, marca, plazos de entrega, imagen, posicionamiento, ciclo de vida, stock de repuestos, servicio post-venta, etc. Pueden ser características tangibles o intangibles. La calidad y la marca suele ser algo intangible por ejemplo, y hay que recordar que también se venden ideas y servicios. En resumen, el buen vendedor debe ser un experto en su producto.

Asimismo, igual de importante es conocer la empresa: su filosofía, su historia, su modo de trabajar, la cultura de empresa, su organización, sus procedimientos, su lenguaje, sus capacidades y sus limitaciones, qué pueden ofrecer y qué no cómo empresa, sus objetivos, su imagen, sus servicios, sus herramientas. La combinación del conocimiento profundo de ambos, producto y empresa nos dará la posibilidad de averiguar los beneficios que podemos ofrecer, y los que no, conocer las necesidades que puede satisfacer, y las que no.

2. Conocer bien la competencia: como tú dirías, Jin: "Si el enemigo piensa en las montañas, ataca por el mar, si piensa en el mar, ataca por las montañas". Es la guerra, ¿o no?... En principio es imprescindible conocer bien a tus posibles competidores, y hay que conocerlos a fondo, para poder luchar contra ellos. Lo primero es identificar si realmente están luchando por el mismo territorio o cliente, investigar quienes son realmente nuestros competidores; y después el buen vendedor averigua todo lo que pueda de la competencia. Es un experto en su competencia.

Pero no siempre hay que conseguir nuestros objetivos comerciales entrando en guerra directa con los competidores, la cual puede dar lugar a una batalla de precios infructuosa para ambos, o gastar tiempo y dinero en ganar clientes que son ya muy leales a la competencia.

Conocer bien nuestro producto significa también conocer igual de bien el de la competencia, y hacer comparaciones, buscar sus puntos fuertes y débiles, y en último extremo saber qué necesidades están cubriendo o vendiendo, en base a qué beneficios o ventajas para el cliente y con qué estrategias.

Solo a través de un conocimiento profundo de la competencia podemos evitar la guerra, y explotar sus debilidades, averiguar qué no están ofreciendo, qué segmentos de mercado no están cubriendo, y definir mejor nuestras estrategias de venta. Y así sabremos cómo responder a las preguntas de nuestros clientes que tienen que ver con otros productos o servicios de la competencia. Si no respondemos bien a estas preguntas, si no convencemos y persuadimos sobre nuestro producto en relación a otros similares, perderemos credibilidad, y el cliente se irá a la competencia.

Y no hay que caer en la tentación de competir sólo por precio. Hay que agregar valor a nuestra oferta, buscar ventajas que nos diferencien, y eso sólo se consigue conociendo el mercado y la competencia de forma exhaustiva, y valorando nuestra oferta, nuestro producto, en su justa medida, sin infravalorar otros productos, ni al cliente que se decide por otras opciones.

El mercado es dinámico, por lo que el vendedor profesional siempre está atento y vigila lo que hace la competencia, no para copiarlo —aunque a veces también si son buenas ideas— sino para hacerlo mejor. Siempre hay algo que mejorar, y son una fuente de ideas y de autosuperación. Pero ojo, la competencia también se equivoca, y el vendedor profesional aprovecha para aprender, para no cometer el mismo error, y para ganarse a aquellos clientes insatisfechos, descontentos por falta de soluciones, a través de una oferta mejor que sí cubre sus necesidades. Para ello tiene que ser también creativo, y hacer un ejercicio continuo de autoevaluación; o será al revés, y será la competencia la que aproveche tus errores.

En cualquier caso, y como tú dirías, Jin: "Un samurái es cortés con sus enemigos". De hecho, muchas veces pasa que el vendedor tiene que colaborar con la competencia, asociarse para defender intereses comunes en el mercado, o participar en un proyecto común, e incluso, ¿quién sabe? a lo mejor un día trabajas con ellos...

3. Saber vender características + beneficios: como ya habíamos avanzado, las personas compran soluciones, no características, y también hemos dicho que vender es persuadir, y son los beneficios los que persuaden a los clientes: dichos beneficios tienen que ser emocionales, psicológicos, producir sensaciones en el cliente más allá de las características físicas del producto o servicio, o de su descripción.

El buen vendedor habla siempre de una característica, acompañada de un beneficio y una ventaja. Si sólo se muestran características, el cliente no percibe nada. Los beneficios pueden cerrar la venta, mientras que sólo hablar de características no aumenta el deseo de compra.

El cliente necesita saber porqué debería comprar, aparte de querer saber lo que está comprando. El cliente no compra productos o servicios, compra los beneficios tangibles, intangibles, directos o indirectos que le aporta tener nuestro producto o servicio.

La clave está en dar con los beneficios o ventajas que satisfacen las necesidades particulares del cliente, y centrarse exclusivamente en las parejas de características y beneficios que realmente persuaden al cliente específico. El resto de características, aunque puedan proporcionar ventajas apetecibles a otros clientes, pueden no tenerlas para un cliente en particular.

El buen vendedor, que ya sabemos debe conocer muy bien su producto y su empresa, sabe todas sus características, y sabe qué beneficios, utilidades y ventajas respecto a la competencia proporcionan cada una de ellas, tanto los del producto como los de su empresa, y a partir de ese conocimiento previo, averigua para cada cliente cuáles le pueden persuadir y cuáles no.

Ahora bien, es muy importante vender beneficios que sean distintos a los de tu competencia, resolver problemas que los demás no están solucionando, o no de la misma manera que lo hace tu producto: vender ventajas competitivas. Pero esto no siempre es posible, pues muchas veces tu producto ya está diseñado, no puedes cambiarlo y no siempre tiene ventajas únicas o claramente diferenciadoras en las que apoyarte; pero si encontramos ventajas competitivas, diferenciales, separando lo genérico de nuestro producto, buscando lo específico, estas ventajas serán la clave para vender más y mejor.

4. Saber diferenciarse: el listado anterior de beneficios puede traducirse en un argumentario, que podemos usar para ofrecer en cada caso sólo aquellos argumentos que sean más atractivos para cada cliente. Pero tu competencia puede tener también un argumentario similar, y si no tenemos además ninguna ventaja diferenciadora, ¿entonces qué?, pues que el cliente no percibe diferencia entre tú y la competencia, tenéis los mismos beneficios, y al final el cliente decide por precio, y eso no es lo que queremos.

En ese caso la solución es que el diferencial sea el vendedor. Hemos dicho que los negocios son entre personas, por lo que la diferenciación personal, el generar la confianza del cliente hacia tu propuesta, y la percepción positiva de que realmente quieres ayudarle puede ser el beneficio decisivo y necesario que tengas que vender, la ventaja diferencial. Tú eres el vendedor, tú eres la empresa, y tú eres el producto. Puede haber productos similares, iguales, y empresas también, pero como tú seguro que no hay nadie. La ventaja diferencial puedes ser tú, el vendedor profesional, el que aporta un valor añadido al producto o servicio en ese mercado. El buen vendedor sabe diferenciarse, sabe venderse a sí mismo. Pero sin caer en la soberbia, ese pecado capital, creyéndose superior al cliente o mejor que él, puesto que el vendedor profesional genera ante todo confianza en el cliente.

5. Tener ganas sinceras de ayudar y de servir al cliente: como tú me has contado, Jin, el significado original de samurái es "aquel que sirve". Esto es muy evidente para los clientes actuales y potenciales, y le dan un gran valor. Ellos perciben con gran sensibilidad la actitud del vendedor, y cuándo ésta es sincera y cuándo no, sienten cuándo les quieres ayudar o cuándo les quieres engañar, o manipular. Y saben cuándo tú les puedes ayudar en sus problemas. En definitiva, el vendedor genera confianza en el cliente cuando se interesa realmente por ayudarle, cuándo busca dar un superservicio, no vender un superproducto.

Dar servicio al cliente, tan repetido hoy en día como incumplido. El vendedor tiene que querer dar servicio, y si puede ser dar un servicio y trato personalizado. Tiene que ser un gestor para el cliente, un consultor, un experto, que le solucione sus problemas, no que le cree más problemas. Que tenga capacidad para servirle, que lo haga, y que lo haga bien, de forma honesta, que se note que estás interesado por el cliente, y que éste note la diferencia entre "atender a un cliente" y "ayudarle", y que esta actitud y buen servicio sea el valor diferencial frente a la competencia.

El vendedor puede utilizar técnicas psicológicas para motivar a sus clientes a comprar y ser leales a la marca, y cultivar de una forma o de otra la buena relación con el cliente, pero al final hay que darles lo que necesitan, hay que entender a tus clientes y tener interés real en satisfacer sus necesidades, tener empatía y tratarles como te gustaría que te traten a ti, que les comprendas, que les escuches, que les respondas, hacerles sentir como si él fuera el único cliente, mimado y atendido, pero sin dejar de ser uno mismo, no hay que fingir ni mostrarse distintos a como uno es, ni caer en el servilismo.

Al fin y al cabo somos personas, y necesitamos confiar, buscamos soluciones, buscamos ayuda, comprensión, y que se preocupen por nosotros. Ayudemos al cliente, pues. Con ganas, con paciencia, con constancia, con perseverancia, con generosidad, con diligencia, con humildad, con todas las virtudes, pero ayudémosle. Y que se note.

6. **Ser creativo**: estamos en la era de la innovación, no se puede seguir haciendo lo mismo que se hacía hace unos años. De hecho, no se hace, y es seguro que mañana haremos cosas distintas. El buen

vendedor es creativo, busca nuevos caminos para dinamizar las ventas, para satisfacer al cliente, nuevos modos de ayudarle, busca formas innovadoras para fidelizar al cliente, aplica la creatividad para diferenciarse, y para ofrecer soluciones creativas. La creatividad vende. A la larga, el vendedor creativo se convierte en un consejero para el cliente, en un líder, y de eso ya hemos hablado en el vendedor del futuro.

Como hemos dicho, las necesidades no cambian, cambian las formas de satisfacerlas, los medios y mensajes que utilizamos para cumplir las expectativas del cliente, que son cada vez más exigentes, y más interactivas. Esto no significa que lo que ya sabemos no valga, no hay que olvidarse de los conceptos básicos que hemos listado aquí, pero hay que aplicarlos de acuerdo a las nuevas tecnologías, mezclar ideas existentes en nuevas combinaciones, enfocar desde otro punto de vista los problemas y las soluciones, pero sin perder de vista el objetivo de satisfacer al cliente.

Pensamiento lateral, pensamiento divergente/convergente, tormentas de ideas, reinterpretar los problemas, "think out of the box", análisis DAFO, modelo AIDA, pensamiento análogo, mapas mentales, lista de preguntas, grupos de discusión, y miles de técnicas más pueden ser el trampolín inicial para analizar mejor nuestros productos, nuestros objetivos y argumentos de venta para conseguir ventas creativas, eficaces, y en definitiva, vender más y mejor.

Ahora bien, para ser creativo, el vendedor profesional tiene que estar motivado, y tiene que tener la iniciativa y el entusiasmo necesario para buscar el éxito en todo momento, tiene que poder crecer en su vida laboral y privada, y tiene que tener las herramientas necesarias para su trabajo. Y aquí es donde fallan muchas empresas y muchos vendedores, hay que abonar el terreno para que florezca la creatividad, la innovación, y las nuevas soluciones que mueven al cliente hacia nuestra propuesta. Sin el apoyo de la empresa no hay creatividad, el vendedor puede intentar ser creativo, pero a la larga se convierte en un vendedor frustrado, pues su esfuerzo adicional no se ve recompensado por la empresa.

Ambos, vendedor y empresa, deben innovar, cambiar, arriesgar, cuestionarse continuamente la forma en que hacen las cosas. Salir de la zona de confort. Vender es crear. Hoy en día, quien no aplica la creatividad desaparece, tiene los días contados en el mercado. La evolución del vendedor profesional dependerá de su creatividad.

7. Tener perspectiva y visión de futuro: una de las herramientas imprescindibles del vendedor es su visión, la perspectiva de sus objetivos y sus sueños, y sobre todo su visión de futuro. Y una de las patas de ese futuro es su formación, que además debe de ser continua, pues así lo demanda el mercado. El buen vendedor crea su futuro, y para ello, se está continuamente formando, se adapta a los cambios del mercado y si es posible se anticipa al cambio. Esto supone preocuparse por otras metas más allá de los problemas inmediatos y urgentes del día a día. De hecho, el buen vendedor, con su perspectiva de futuro, contribuye al cambio en una empresa u organización, identificando problemas, modificando procesos, añadiendo nuevos aspectos a su trabajo, al de su entorno y a sus compañeros, estimulando buenas prácticas, incluyendo en este proceso a sus clientes, a los que educa para esos cambios, y a los que ofrece soluciones a largo plazo, que también resuelven sus problemas futuros, y no sólo los actuales.

El buen vendedor tiene cultura de equipo y de empresa, una filosofía corporativa, y aprovecha las nuevas oportunidades que los cambios en el mercado ofrecen para impulsar esa visión de futuro, para convertir esa visión en realidad. Busca maneras de mejorar, de motivar, de ofrecer mejores servicios y productos, tiene perspectiva de futuro que le permite convertir los problemas en oportunidades, es flexible, positivo y nunca se rinde. Técnica, capacitación constante y entusiasmo.

En resumen, su perspectiva y visión de futuro le permite adaptarse a los cambios para vender más y mejor.

—Me ha gustado, Paul. Aunque me parece todo como muy zen, ¿no?: conocer, saber, ser, tener, crear, ayudar, ver, prever...

—No hay tanto nuevo bajo el sol, Jin. Y eso mismo nos enseña tu libro. Lo antiguo es lo nuevo, y lo nuevo es lo antiguo, la razón y el corazón, el dolor y el placer, el día y la noche, la rueda de la vida, el ying y el yang...

—No pueden existir el uno sin el otro. Todo se repite, es cíclico, y constante.

—Pues eso. Medítalo.

CAPÍTULO 4: EL PRODUCTO

Sobre el Producto

Ya sabemos bastante del producto, y tenemos claro que el pleno conocimiento del mismo nos puede resolver en gran medida muchas ventas. Conocer bien lo que vendemos, aunque no sea el mejor producto del mercado, da al cliente seguridad y confianza, y a nosotros el crédito de ser profesionales, sobre todo si vendemos características, beneficios y ventajas que nos diferencian de la competencia, con la firme y sana intención de ayudar al cliente con nuestro producto o servicio, satisfacer sus necesidades de la forma más creativa posible, e intentando siempre mejorar nuestras soluciones para fidelizar al cliente con una perspectiva de futuro.

—Te has quedado a gusto, ¿verdad, Paul?
—No del todo. De hecho, tu libro hablaba de pocos tipos de productos, no había tantos por esa época, hablaba de sus usos y aplicaciones, de sus características comerciales, precios y márgenes, de plazos de entrega, formas de pago, y de porqué unos se vendían más que otros. Hoy los tipos y familias de productos son ilimitados, casi infinitos, es imposible una clasificación global, más allá de la mera clasificación en productos de consumo, industriales, de negocios, de bienes y servicios y otras categorías.
—No te entiendo, Paul, explícate.

—Me refiero a que si el vendedor tiene que ser un experto en su producto, un especialista, y hay miles de clases y categorías de productos, con sus peculiaridades, diversidad de aplicaciones y usos, distintos procesos de compra, distintos tipos de aproximación al cliente, distinta aplicación de técnicas promocionales, distinta percepción por el cliente, distintos canales de venta, y con miles de argumentaciones de ventas distintas, entonces no tiene mucho sentido que hablemos en mucha profundidad del producto, sino que será el vendedor el que, en su nicho de mercado específico, deberá identificar y aprender todas las peculiaridades de cada producto de su mercado.

»De hecho, para cada producto hay miles de libros específicos, investigaciones de mercado, páginas específicas en internet, directorios exclusivos para cada mercado, publicaciones, revistas especializadas que hablan en profundidad de sus características, evolución, a qué tipo de compras responde, como es su mercado, su marketing concreto, incluso individualizado para cada tipo de cliente, etc.

—Entendido: no podemos hablar de todos y cada uno de los productos.

—Y por otro lado, como hemos dicho, todos somos profesionales de algo, expertos en algo, o hemos estudiado una rama en concreto, y en el caso de muchos vendedores es imprescindible los conocimientos técnicos específicos de esa rama, de esa carrera, de esos estudios. Hemos dicho que todos somos vendedores, pero no de todo, sería imposible saber de todo, y de hecho el futuro del vendedor es la especialización.

»Pero también hemos dicho que conociendo las técnicas esenciales de venta, da igual el producto, y se pueden adaptar a cualquiera de ellos. Independientemente de que, por ejemplo, el vendedor de seguros, o el de coches, o de servicios de internet, o de viajes, tenga que conocer las peculiaridades específicas de su mercado y su producto.

—¿Entonces no hablamos del producto, Paul?

—Sólo podemos dar pinceladas genéricas. Es tarea del vendedor específico conocer su producto y mercado específico en profundidad. Aparte, el cliente no está interesado en el producto en sí, sino en el beneficio que este le reporta, y eso nos remite al capítulo inicial de las necesidades, a la virtud de vender beneficios y ventajas y a las motivaciones de compra del cliente.

—Entendido, ¿y cuáles son esas pinceladas?

—Aquellas que creo pueden ayudar a cualquier vendedor, pero ten por seguro que habrá muchas más. Esto no es una biblia ni lo intenta ser, Jin.

—Estás perdonado. Adelante.

¿Es mi Producto un Bien, un Servicio o una Idea?

—Todos tenemos más o menos claro en nuestra cabeza lo que es un producto, ¿verdad, Jin?

—Sí, yo mismo puedo ser un producto de tu imaginación…

—¡Uy, casi!... Pero me gusta como piensas:

Generalmente pensamos en productos como artículos tangibles, como bienes físicos con un conjunto de atributos (características, funciones, beneficios y usos) y que es capaz de satisfacer una o varias necesidades, pero también puede ser algo intangible, que no se puede percibir por los sentidos previamente, por lo menos no hasta que son utilizados, y en ese sentido puede ser un servicio, o incluso puede ser una idea, un concepto, una filosofía, pero que también son percibidos por los compradores como capaces de satisfacer sus necesidades o deseos, y por tanto susceptibles de intercambio.

»Un producto por lo tanto puede ser un bien, un servicio o una idea.

»Pongamos ejemplos: un bien es un ordenador, unas gafas, un coche. Un servicio puede ser arreglarte el ordenador, graduarte la vista, enseñarte a conducir el coche. Una idea es que conduzcas con precaución (por ejemplo aquello tan famoso de "si bebes, no conduzcas"), que parezcas más guapo con gafas, y que tengas más éxito si sabes usar el ordenador. Ideas son también las ideas religiosas, las ideas políticas, la conciencia medioambiental, y también la reputación del vendedor.

»Pero también el producto puede ser la combinación de algo tangible e intangible, y puede ser la combinación de los tres, de bienes, servicios e ideas. De hecho, la mayoría de las veces el producto es un conjunto de todos ellos, como resultado de un esfuerzo creador para satisfacer necesidades, y que las personas, empresas y organizaciones ofrecen a su mercado, con fines lucrativos o no lucrativos (puede ser también por mover opiniones). Por ejemplo, un tratamiento de estética es un servicio, pero la idea que vende es el deseo de juventud. Hay empresas que venden "experiencias", y eso es algo más que simplemente un servicio.

»En definitiva, el producto puede ser un bien, un servicio o una idea, o la mezcla de cualquiera de ellos.

»En ese sentido, el vendedor tiene que analizar si su producto es sólo un bien tangible, o si incluye elementos intangibles; si es o si incluye un servicio, o si es o si incluye una idea. Y en cualquier caso, si podría incluirlos como forma de diferenciarse.

» También hemos dicho que las personas compran personas, a otros seres humanos.

—¿Entonces las personas son un producto, Paul?
—Sí… pero no me malinterpretes, el canibalismo y el comercio de órganos y de personas es ilegal, aunque existan… Me refiero a que las personas venden servicios y venden ideas, y muchas veces son

también en sí una idea, representan una idea o un servicio que satisface necesidades. Y las personas compran más por ideas, por emociones, por sentimientos, por el corazón. En resumen, compran beneficios y soluciones, compran ventajas y compran servicios que son intangibles. Y compran las ideas que perciben del vendedor, y en el vendedor.

—Ya entiendo; entonces, por eso es importante que el vendedor sepa si su producto es un bien, un servicio, o una idea, o una mezcla de todas ellas.

—Y si no lo es, tratar de que lo sea. Y sobre todo, averiguar qué problemas soluciona esa idea, ese concepto, cómo lo resuelve y qué impacto tiene en su capacidad de vender el producto, pues puede pasar que con ese ejercicio reposicione su producto, aumente su mercado, pueda llegar a más compradores potenciales, o que con ello le dé una ventaja diferencial respecto a la competencia. O incluso la posibilidad de vender a mayor precio, pues su producto es percibido de distinta manera. Y nunca olvidar que él, la confianza que puede generar, su reputación, su imagen, su carisma, son también parte del producto que vende.

»Hoy mismo he visto un ejemplo en la televisión: hablaban de la nueva medicina preventiva y de lo que llaman chequeo antienvejecimiento. Han añadido al chequeo preventivo la idea del antienvejecimiento, y lo venden a un precio mayor comparado con otros chequeos... En definitiva, añadir nuevas ideas, valores y conceptos permite vender en nuevos mercados, permite diferenciación y también aumentar el precio del producto.

—Pues sí, parece que este concepto puede ayudar al vendedor a vender más y mejor. Pero dime Paul, entonces, ¿yo soy un producto o no?

—Pues no tengo claro si tú me das un buen servicio... pero desde luego me das ideas que nos ayudan a vender más y mejor en busca del deseado éxito; y en ese sentido tú y este libro sois un producto, un bien tangible y una idea intangible; y si el lector tras leerlo, ha adquirido conocimientos que le sirven, y satisfacen sus deseos de aprendizaje, entonces también eres un servicio, Jin.

—Pues no sé si alegrarme de ser un producto, ahora me siento usado…

—Como todos Jin, como todos, pero eso es otra historia.

Soy un Producto distinto, tengo Marca

—Dime Jin, tengo curiosidad por saber lo que decía Sei de los comerciantes de arroz en su época.

—¿Porqué eso especialmente, Paul?

—Porque todos vendían lo mismo, un producto similar: supongo que podían distinguirse a lo mejor en su sabor, en grado de humedad, en ser más o menos duro, pegajoso, y otras propiedades, pero al final todo era arroz, y entiendo que todos dirían al final que el suyo era el de mejor sabor, mejor cocción, mejor color, etc.; es decir, que aunque tuvieran elementos diferenciales, todos decían que lo tenían, por lo que dejaban de ser diferenciales, había poca diferenciación y supongo que competían por precio, que es lo que suele pasar cuando el cliente percibe productos o servicios similares.

»Dime Jin: ¿Cuál era el arroz más especial, el que no competía sólo por precio? ¿Cuál era el que era percibido como realmente distinto? ¿Cuál aportaba algo más?

—Pues algo decía Sei, pero no de forma muy clara, por lo que seguramente lo que te voy a contar es una interpretación posterior de mis antepasados, pero creo que te puede valer. Al fin y al cabo muchos mitos se han transmitido por el boca a boca.

—Continúa, por favor.

—El arroz mejor considerado, y el más caro, era el arroz Inari, que provenía de las montañas del mismo nombre donde tenía uno de sus santuarios Inari, la diosa del arroz, el espíritu protector de las cosechas, por lo que con el tiempo se le asoció con la riqueza y ahora es como la patrona de los negocios y el éxito en general.

—¡Anda!, que curioso, Jin, de lo mismo que estamos hablando, sigue, es muy interesante…

—La diosa protegía las producciones con sus mensajeros, que eran los zorros, los cuales siempre aparecen a la entrada de sus santuarios; y como transformaba la tierras baldías en fértiles campos de arroz, el arroz de Inari se asociaba directamente con los dioses, y por lo tanto éste tenía las mejores propiedades, se le asociaba con la prosperidad en general, incluso con la fertilidad, y había todo un ritual para su consumo con el fin de asegurar estos beneficios para uno mismo. Y de hecho, la diosa concedía esa prosperidad, o por lo menos eso aseguraban mis antepasados.

—Me encanta la historia, Jin, incluso aunque no fuera verdad, pero me viene de perlas para lo que quería explicar: hablar del poder de la marca como elemento de diferenciación de un producto. Aquí la marca era tanto su denominación de origen como el nombre de la diosa. Y como tenía marca, no competía en precio con los demás.

—¿Qué características tiene una marca, Paul?

—Es un referente, y el cliente asocia a la marca una serie de beneficios de forma automática. La marca evoca experiencias, percepciones, creencias, una filosofía, y desde luego es un gran diferencial, hace el producto único, distintivo y perdurable en el tiempo.

»La marca es más allá que un nombre y un logotipo, es la forma en que los clientes asocian los beneficios que representa. La marca disfruta del mejor reconocimiento y posicionamiento en su sector. Identifica al producto y a la empresa, y la diferencia de los competidores. La marca reside ante todo en la mente de las personas.

—Me recuerda a lo que hemos hablado, a vender intangibles…

—Por supuesto, ya lo hemos comentado pero de otra manera. Como hemos dicho, en el mundo actual tan competitivo hemos pasado de vender productos a vender sensaciones y soluciones, más allá de las características del producto. Los productos se parecen cada vez más, todos son similares en calidad, y es difícil para los clientes distinguirlos por sus atributos, por lo que hay que asociarlos a una experiencia, a una imagen emocional, a un valor máximo que satisface sus necesidades, a una idea, una filosofía, y muchas veces a una historia positiva ("storytelling" lo llaman), y a valores cercanos a las personas que en último extremo aluden a lo mencionado al principio, la búsqueda de la felicidad, como era el caso de tu arroz, Jin.

»Hoy en día, construir una marca ya no es una opción, es una condición necesaria para atraer, conectar y emocionar al consumidor, cada vez más globalizado y de vuelta de todo, y es imprescindible para diferenciarse. Hoy todo son marcas, o lo intentan ser, pero no todas triunfan, ni son capaces de aportar ese valor añadido que les permita evitar la espiral competitiva de precios.

—¿Y cómo se hace una marca, Paul?

—Bueno, hay toda una ciencia al respecto, el "branding", lo llaman, y no es un coñac. Y pertenece a otra ciencia mayor llamada marketing. Pero no me voy a meter en algo tan largo y extenso, aquí sólo estamos dando pinceladas, y estimulamos al lector curioso para que si le interesa, busque más información al respecto, y hay mucha. Lo que sí podemos apuntar es que desde luego, la construcción de una marca nace de la creatividad, del deseo de diferenciarse, y de la visión de futuro, que como ya hemos dicho son virtudes de nuestro vendedor profesional.

»E igualmente, la sostenibilidad de la marca requiere de conocer las tendencias cambiantes del mercado, conocer a fondo a los clientes para poder contactar con ellos, adaptarse y adelantarse a todos esos cambios, sobre todo con credibilidad y transparencia, sin engañar.

—O sea, también virtudes de nuestro vendedor. No, si al final nos sobra la mitad del libro…

—Al final Jin, la marca es un todo que resume la propuesta de valor y las expectativas de satisfacción, resume cómo vender más y mejor, y se construye sobre principios que no cambian, como tu libro, luego no te extrañe que recoja partes de todo lo que hablamos y hablaremos en este libro.

—Y dime, ¿las personas pueden ser una marca?

—Por supuesto, Jin, a través del "personal branding", el cual está muy relacionado con todo lo que hemos hablado en el capítulo del vendedor del futuro: en aquél caso como técnica de diferenciación del vendedor, desarrollando su marca personal como experto o líder, como una referencia, con su estilo propio, su imagen, su capacidad, el ser percibidos como profesionales valiosos y fiables, el buscar salirse de la oferta excesiva que hay, y habrá, en el mercado para ser parte de la demanda, ser el producto en sí.

»Hay muchos personajes históricos y personas famosas que han creado su marca personal, como cantantes, actores, deportistas, políticos, empresarios, diseñadores de moda, etc., seguro que se te vienen muchos a la cabeza. Y hoy en día eso de la marca personal también la practicamos todos con las redes sociales, en el momento en que creamos un perfil en internet, e intentamos vendernos y diferenciarnos, y ya es algo generalizado. El mundo digital no ha hecho más que potenciar ese antiguo concepto aún más.

»Y hasta aquí hemos llegado, desde un grano de arroz a internet, un buen salto.

—Y que lo digas. Oye, Paul, yo quiero ser una marca…

—Pues no te veo yo…

—Ya, me falta imagen… literalmente… pero me sientes, y estoy en tu mente… soy diferente, tengo personalidad y una seña de identidad única. Y seguro que dejaré huella en ti…

—Pero sólo has conectado conmigo, Jin… te quedan muchos por conectar, por inspirar, y ¡todavía no tengo claro que me reportes beneficios!... Más bien dolor de cabeza…Todavía te queda mucho por hacer para posicionarte, incrementar tu valor, tu influencia y reputación como para quedar en el imaginario público.

—Aún así me pongo a ello, quererlo es el primer paso para lograrlo.

—De acuerdo, Jin, y por tu éxito, hagamos un brindis:

—Mejor un branding.

—¡Chinchín!

El Producto y el Precio

—Me has mentido, Jin.

—No sé en qué…

—Me dijiste al principio que tu libro no me costaría nada, y la verdad es que me está costando bastante tiempo y esfuerzo.

—En realidad te dije: "este libro no tiene precio", y luego te dije que el libro era gratis, pero sabes que el trato no se basaba únicamente en el precio del libro. Valoraste otras cosas, valoraste lo que recibes y lo que das, y el resultado fue positivo, pues hiciste el trato.

—Ya, ahora lo entiendo… como decía Machado: "Todo necio confunde valor y precio"

—No creo que seas un necio, Paul. Yo diría más bien que "El valor del tigre está en su mirada"…

—¿Es un proverbio japonés, Jin?

—No, me lo acabo de inventar, ¿pero a qué te hace pensar?

—Pues sí que me hace pensar, sí… tanto que ahora no tengo claro si eres gracioso o un sabio… Pero en cualquier caso es muy apropiado, pues quería hablar del precio del producto, y de su valor:

En realidad, hemos venido hablando de ambas cosas a lo largo del libro, hemos dicho por ejemplo: que no hay que competir sólo por precio, y que es una batalla improductiva, y que el precio es importante en la decisión de compra pero no debe de ser la razón única. Hay que minimizar el efecto negativo del precio, y si no tenemos ventajas diferenciadoras, o si el cliente percibe productos o servicios similares, éste decide por precio; que el añadir nuevas ideas y conceptos permite aumentar el precio del producto, y que una marca bien construida aporta un valor añadido para evitar competir sólo por precio.

»También hemos dicho que el vendedor tiene que añadir valor, persuadir con una propuesta de valor, agregar valor a nuestra oferta para buscar ventajas que nos diferencien, un valor que se traduzca en seguridad y en ahorro de tiempo y dinero al cliente; que no hay que infravalorar otros productos de la competencia, ni a otros clientes; que las ganas sinceras de ayudar y servir al cliente dan un gran valor, y que el buen servicio puede ser el valor diferencial frente a la competencia; que añadir nuevas ideas y valores permite vender en nuevos mercados, diferenciarse y hasta aumentar el precio del producto, y que la marca resume de alguna manera la propuesta de valor.

»En definitiva, hemos dado a entender que el precio es solo una variable más en la escala de valores percibida por cliente, y no el único componente, pero es importante hablar un poco más de la relación entre el producto, su precio y su valor.

»Hay que aclarar que aquí estamos hablando en todo momento desde el punto de vista del vendedor, el cual la mayoría de las veces no tiene control absoluto sobre el precio del producto que vende, a no ser que sea él el propio empresario. Si hablásemos desde el punto de vista de la empresa tendríamos que hablar de muchos más conceptos en los que no vamos a entrar, como sería el de la estrategia de precios y política de precios de la empresa, la cual se puede basar en muchos otros factores, como por ejemplo: costes de producción, precios de mercado, el ciclo de vida del producto, financiación de la empresa, la elasticidad de la demanda, previsiones de ventas, los costes de comercialización, distribución, comunicación, logística, los precios de la competencia, los objetivos de la empresa, márgenes, situación actual de la economía, etc.

»Pero el vendedor no suele tener la capacidad para fijar la política de precios de la empresa. O por lo menos, no más allá de su capacidad de elaborar ofertas entre unos límites establecidos por la empresa, fijados por su estrategia de precios, política de descuentos, de márgenes a los distribuidores, etc., y debe por lo tanto centrarse en comprender el precio más allá de su valor numérico, y sobre todo entender el autentico valor del producto ante los clientes, o valor percibido por su cliente.

»Lo mejor es explicarlo con una fórmula:

—No fastidies, Paul…

—Si es una fórmula muy sencilla, muy simplificada, seguro que todo el mundo la entiende.

—¡La única fórmula que conozco es la longitud de mi espada, cuánto más larga más sangre y honor arrebato a mis enemigos!

—Jin,… tú ya no tienes espada…

—Pues es verdad.

—Y oye, eso no lo diría un samurái… estoy empezando a pensar que eso que me contaste no es del todo verdad, ¿seguro que llegaste a ser un samurái en tu época?

—Esto… ehh… bueno, a lo mejor lo has percibido mal…

—Ya hablaremos tú y yo… En cualquier caso, tu fórmula es parecida a la mía, escucha:

Los clientes siempre realizan una operación mental, unas veces más inconsciente que racional, y otras veces muy calculada, para saber si comprar les es positivo: para justificar la compra, hacen un balance entre beneficios y sacrificios percibidos en la oferta del proveedor, y el valor percibido por el cliente se basa en la diferencia entre lo que recibe y lo que entrega, algo tal que así:

Valor percibido = Total de beneficios y/o ventajas – Total de costes y/o precios

Donde el primero es todo el conjunto de beneficios y ventajas económicas, funcionales, abstractas, psicológicas (como por ejemplo marca, calidad, etc.) y diferenciales del producto o servicio, el conjunto de valores añadidos.

»Y el segundo incluye todos los precios y costes económicos, temporales, energéticos y psicológicos.

»Y esta valoración la hará también con tu competencia. Si el valor percibido de tu producto es mayor que el de la competencia, se inclinará por tu opción, y al contrario.

»Si el valor percibido es negativo, el precio es la barrera, y en general no comprará. O dirá que es muy caro, no percibe nada más allá del precio.

—Por cierto Paul, mi padre solía decir que "Nada es caro si se puede pagar con dinero".

—Tu padre era muy sabio, Jin. Y ahora te entiendo mejor. Sigamos:

Si el valor percibido es muy pequeño, el precio y la guerra de precios puede ser lo que decida si te compra a ti o a la competencia, comprará al más barato, o no comprará.

»En cambio, si el valor percibido de tu producto es muy alto venderás más y mejor.

»Y es labor del vendedor incrementar este valor, haciendo que el cliente perciba y valore adecuadamente todo el conjunto de beneficios, incluyendo aquí todos los conceptos y ventajas subjetivas y emocionales que le quitan fuerza al precio.

»En este sentido el precio y el valor de un producto no son lo mismo. Y por eso decimos que el precio no es o no debe de ser la única razón de compra, no es el único elemento de la ecuación, a no ser que no hagamos ninguna propuesta de valor.

»Cuando se le pregunta a un cliente cómo percibe el valor de un producto, en realidad se le está pidiendo que lo compare con su percepción de otras alternativas de compra existentes. Y por eso un producto no es caro de por sí, la respuesta es: "¿caro comparado con qué?".

»Aunque también puede pasar que nuestra propuesta de valor sea muy alta pero el cliente no se lo pueda permitir, puede percibir un valor muy alto, pero su capacidad económica sea menor que el precio objetivo, y ahí ya entraríamos en otros componentes que forman parte del precio, como forma y condiciones de pago, financiación, descuentos, etc. Aunque no hay que olvidar que también una parte de los costes es el tiempo que se emplea para tomar una decisión o también el tiempo gastado en hacer uso del servicio, el costo psicológico (por ejemplo en contra de una determinada marca, o dejar de usar el producto habitual para cambiar a otro) y el costo de la energía o del esfuerzo para la compra y para el disfrute del servicio.

»Es decir, una cosa es que el cliente "sienta" que el producto es caro, y otra cosa es que su presupuesto y capacidad de sacrificio no le permita adquirirlo, si es que realmente es así y no es una objeción falsa.

—Pero aún así, Paul, el cliente siempre quiere descuentos...
—Sí, y es labor del vendedor averiguar si es una necesidad real o no, y en cualquier caso debe de lidiar con el resto de elementos de la ecuación para que siga siendo positiva.
—¿Lidiar? ¿Hay que torear al cliente?
—Era una metáfora, Jin,... aunque sí, a veces no hay más remedio que darle la puntilla con un descuento final, pero el vendedor

profesional intenta siempre primero clavar el estoque hasta el fondo con un gran valor percibido.

—¡Cómo el largo de mi espada! ¿Ves?, si al final no iba yo tan desencaminado…

—Bueno, que me estas liando, Jin, y me estoy yendo por las ramas de nuevo, ¿por dónde iba yo?… Ah, sí:

En definitiva, la propuesta de valor es explicar a tu cliente por qué te debe comprar a ti y no a tu competencia; y esto debe incluir todo el conjunto de beneficios y ventajas de tu producto o servicio que resuelven su problema y satisfacen sus necesidades, y tu valor diferencial. O dicho de otra manera, vender más y mejor supone prestar un valor percibido superior para el cliente.

»El "problema" es que esta escala de valores del cliente, este valor percibido, es subjetivo, es abstracto y es una variable dinámica…

—Como ahora, Paul, que no percibes el mismo valor que hace unos días, respecto a nuestro trato.

—Exacto, Jin, el valor es dinámico, variable, pero no solo de ayer para hoy, sino también de hoy para mañana. Esto es, que la valoración del cliente es diferente antes de la compra, en el momento de la compra, en el momento de su uso, y tras su utilización. Hay un valor percibido inicial, medio y final.

»Y no sólo eso, sino que cambia con cada cliente, es subjetivo, por lo que a cada cliente, o tipos de cliente, o a cada segmento de mercado, o nicho, hay que hacerle una propuesta de valor diferente, porque como hemos dicho al final somos personas, y valoramos de forma distinta una misma ventaja, y tenemos sensibilidades distintas, a la vez que capacidades económicas distintas que también afectarán a la apreciación de esas ventajas. Para un mismo producto, distintos segmentos de clientes perciben diferentes valores.

—Pues que fastidio, Paul, a pesar de ser una fórmula no es exacta.

—Pues sí, tan exacta más o menos como tu espada… Por eso el camino "fácil" de esa ecuación es bajar los precios, pero esto no significa siempre que suba la demanda, y genera otra espiral de problemas. Igual que subirlos, que necesita también que aumentemos el valor percibido del cliente, para poder hacerlo sin problemas.

—Entendido, pero tengo una duda, Paul: tú has dicho al principio que el libro te está costando tiempo y esfuerzo, ¿puede ser porque tus expectativas iniciales eran muy altas?, es decir, creo que no estás del todo satisfecho con mi libro…

—Bueno, creo que es demasiado pronto como para que miremos directamente al tigre a los ojos… por de pronto estamos en el valor del producto, y tú me hablas de satisfacción. Y eso es otro capítulo.

»En cualquier caso: mis expectativas iniciales no eran muy altas, de hecho estaban acorde con el precio. Lo que pasa es que ahora veo que no había considerado como costes el tiempo y el esfuerzo, y el valor percibido está cambiando, y ya veremos cómo será éste al final. Por cierto, hay gente que le pasa lo mismo cuando tiene que montar uno de esos muebles suecos. Como hemos dicho, el valor que percibo va cambiando y dependerá del valor final; digamos que estoy en un valor medio por ahora. La relación de ese valor percibido final y mis expectativas iniciales dará el grado de satisfacción que tenga, Jin, pero eso será en uno de los capítulos finales.

—¿Y cómo se llama ese capítulo?

—El de la fidelización del cliente, que será consecuencia de ese grado de satisfacción. Y que depende de la buena o mala gestión por parte del vendedor y la empresa de ese valor percibido en relación con las expectativas iniciales. O sea, la satisfacción y fidelidad del cliente va a depender de la diferencia entre el valor percibido y las expectativas.

—Entendido. Oye, Paul, al final nos ha salido un poco largo este tema del valor y el precio, ¿verdad?

—¡No menos que tu espada!

—A que al final me compro una…

—Aunque tienes razón. Es un poco largo, pero creo que era necesario porque es un concepto que puede ayudar mucho al vendedor a vender más y mejor.

— ¡Y a torear!

—Qué gracioso eres, Jin, no tienes precio…

—Lo que no tengo es valor.

—¡Olé!

Un huevo de Calidad

—Hemos dicho, Jin, que uno de los atributos psicológicos del producto aparte de la marca era la calidad. ¿Hablamos un rato de este concepto?

—Solo si nos ayuda a vender más y mejor.

—Pues yo creo que sí, porque en muchos casos es una ventaja diferencial que hace aumentar el valor percibido del cliente, y por otro lado ésta suele estar relacionada con el precio, la famosa relación calidad-precio, y si el vendedor tiene que jugar con la fórmula del valor para evitar bajar el precio, en muchos casos tendrá que jugar con la idea de calidad para aumentar el valor de su producto.

—Tienes razón. Y Sei decía más o menos lo mismo. Sigue.

—También a veces se dice que la mejor calidad es la que satisface al cliente al menor coste para él. Y también que la calidad son todas aquellas características del producto o servicio que determinan su capacidad para satisfacer necesidades, y que cumplen o sobrepasan las expectativas del cliente.

»Se llega incluso a decir que la calidad es sinónimo de satisfacción. Hay miles de definiciones y también toda una ciencia al respecto: hay indicadores de calidad, normativas de calidad, organismos de calidad, certificados de calidad, encuestas de calidad, filosofías de calidad, gestión de la calidad, controles de calidad, calidad total, etc. Pero al final, a nuestro vendedor lo que le debe preocupar es que la calidad es un elemento más de la fórmula del valor, y que su propuesta de valor debe incluir la calidad tanto en el producto como en el servicio.

—Adelante pues.

—Para empezar, Jin, ¿tu espada era de calidad?

—Bueno, déjame pensar… la conseguí a buen precio, y a mí me servía en mis entrenamientos; era funcional, no era muy dura, ni tenía un gran filo, y no estaba bien pulida, pero tampoco lo necesitaba. Yo no tenía intención de usarla realmente para cortar, sino para buscar mi yo interior, por lo que sí, podría decir que tenía una calidad aceptable, pero desde luego no era de las mejores. Aunque no tenía un gran diseño, me gustaba mucho porque el que me la vendió grabó en ella mi nombre, y cuando veía su hoja mientras practicaba los movimientos básicos, yo me sentía identificado, casi iluminado, me producía un sentimiento profundo, una espiritualidad que era lo que yo quería.

—Parece que estabas satisfecho con ella, no era del mejor material ni estaba hecha con el mejor proceso de fabricación, pero como estaba personalizada y tuvo un buen precio, acabas concluyendo que era de calidad. Luego hablamos de ello, pero ahora dime: ¿y cuáles eran las espadas de mayor calidad?

—Yo no las llegué a conocer, y te hablo por lo que me contó mi padre, y por lo que le contaron a él. Las espadas de calidad suprema eran las de los antiguos artesanos imperiales, maestros espaderos que usaba el emperador para forjar sus propias espadas.

—Suena muy interesante, sigue por favor.

—El arte de estos maestros pasaba de generación en generación, usando un antiguo método de forja que lograba unas espadas perfectas, una hoja de múltiples capas que eran extremadamente duras por fuera y blandas por dentro, y estaban tan bien pulidas como un espejo; se dice que durante varias semanas, aislados, en ayuno y con rituales de purificación, trabajaban el mejor acero con los cuatro elementos, aire, tierra, fuego y agua: unían el aire puro de la montaña, proporciones secretas de la arcillosa tierra de los templos, fuego de los hornos de carbón del emperador y agua purificada por los dioses, para templar de la nada una hoja que era capaz de cortar a un caballo y a su jinete en dos.

»Eran herreros artistas que trabajaban por la noche para poder apreciar mejor la temperatura adecuada del acero, la del color de la luna de junio, que luego enfriaban en agua a la temperatura del río de febrero.

—Ajá, una espada con inmejorables características técnicas, con un especial y exclusivo proceso de fabricación, hecho por unos fabricantes de renombre y confianza que hacían un producto con una funcionalidad, fiabilidad, durabilidad y diseño excelente.

—Exacto, Paul. Pero no sólo eso. Eran espadas con nombre y con alma: cada una tenía el nombre de una divinidad protectora, y bajo el auspicio de dicha divinidad, se decía que cada hoja contenía el espíritu puro del herrero que fabricaba la espada, una unión divina: la espada tenía literalmente el alma del artesano. Eran espadas perfectas. Los dueños de estas armas creían en el beneficio que le daba el espíritu y divinidad de la espada, y en su capacidad de liberar un guerrero divino cuando ésta se desenfundaba, y de guiarlo en la batalla. El alma de la espada les daba un valor adicional. Poseer una espada de esta calidad se convirtió también en un símbolo de poder. Fueron muy valoradas y llegaron a venderse a precio de oro entre los grandes señores de la corte.

—Es una bonita historia, Jin, y si era verdad no me extraña que valorasen esas espadas como las de calidad suprema, pues parece que satisfacían las necesidades del usuario con creces.

—Pues no tanto, Paul, resulta que a mí no me hubiese gustado tener una de estas espadas. A mí me daría miedo saber que mi espada tiene un espíritu propio, y yo no hubiese pagado una millonada por ella. Yo prefería la mía, que era funcional para lo que yo necesitaba.

—Cierto, y ahí es donde yo quería llegar: es muy difícil definir la calidad de un producto o servicio en forma absoluta porque el concepto significa diferentes cosas para diferentes personas. Al final la calidad es una cuestión subjetiva, y incluye no solo características y beneficios tangibles del producto, sino también intangibles, ideas, sensaciones, emociones que aporta el cliente de forma subjetiva antes y después de usar el producto o servicio. Y eso es lo que nos importa, la calidad percibida por el cliente, y que es independiente de la calidad que nosotros pensamos tiene nuestro producto.

»El vendedor tiene que tener en cuenta que en la calidad percibida por el cliente pueden caber muchos conceptos: la calidad técnica y objetiva del producto, la calidad funcional, la calidad de servicio, la calidad en relación con el precio ofertado, las expectativas del cliente sobre el producto o el servicio esperado, el boca a boca, la imagen de marca, las necesidades específicas de cada cliente, la calidad percibida de la competencia, la calidad humana en el trato o servicio, las experiencias pasadas, etc.

»Si el cliente piensa que un producto es caro, aparte de lo que ya hemos dicho de que depende con qué lo compare, puede pasar que la calidad percibida por él sea muy baja, y es labor del vendedor aumentar esa calidad percibida, aumentar la relación calidad-precio para producir un valor final positivo. Y para ello tendrá que convencer y persuadir con todos los posibles elementos que pueden subir esa idea de calidad, tanto elementos tangibles como intangibles, buscar el alma del producto, como la de la espada, la idea que le da un valor añadido, una calidad mayor.

»A veces tendrá que buscar ese incremento de la calidad en los problemas que haya tenido el cliente en sus experiencias previas, tanto con nuestro producto como en el de la competencia, y en buscar las soluciones que contrarresten esa baja percepción de calidad. Otras veces se tratará de calidad en el trato, sobre todo si anteriormente no fue el esperado, o en la rapidez de servicio o gestión, o en cualquier otro concepto de los comentados que no siempre tienen que ver con características técnicas de producto. Como tu espada, que no era ni la mejor ni tenía el mejor proceso de fabricación pero en cambio tú la percibías de calidad para ti.

»Por otro lado, en tu historia me surgen las siguientes dudas: ¿la calidad de las espadas producían la satisfacción del usuario o era la satisfacción que producía su uso las que generaban la idea de calidad? ¿Era sólo la calidad la causa de la satisfacción, o del grado de satisfacción? Hemos dicho que se llega incluso a decir que la calidad es sinónimo de satisfacción. No está claro que sea siempre así, pues hay otros elementos de la fórmula, pero calidad y satisfacción se complementan…

—¿El ying y el yang? ¿Un circulo que no tiene principio ni fin…?

—Tiene que ver, pero pensemos por ejemplo en el huevo y la gallina…

—Pues no le veo relación.

—Dime, Jin, ¿qué crees tú? ¿Qué fue primero, el huevo o la gallina? ¿El huevo es causa de la gallina o la gallina es causa del huevo?

—Pues yo creo que la gallina, ya que es la que produce huevos.

—Pero había, y hay, otras especies que ponían huevos. Los huevos existían antes que la especie gallina. Las aves evolucionaron a partir de los reptiles; por ejemplo los dinosaurios ponían huevos, y los cocodrilos de hoy, y una serpiente, y una rana, y un pájaro también; y en un momento dado, por evolución, algo que no era del todo un pollo, puso un huevo del que salió la primera gallina, luego en realidad fue primero el huevo.

—¿Y qué relación tiene esto con nuestro vendedor?

—Pues que independientemente de que una gallina pueda producir huevos, lo que le debe preocupar al vendedor es asegurar que de su huevo al final salga una gallina, y no un lagarto. En definitiva, que lo que le interesa es que se perciba una alta calidad de su producto que realmente produzca la satisfacción del cliente, le interesa aumentar el valor percibido a través de la calidad objetiva, la calidad percibida y la relación calidad-precio.

Y si luego la satisfacción del cliente repercute en mejorar la imagen de calidad de tu producto, si la gallina pone huevos, pues mejor. Primero vender los huevos, y luego poner la granja de gallinas.

—O sea, el vendedor tiene que vender un huevo…

—También, pero un huevo de calidad, y un huevo de gallina, no de lagarto.

—Qué ironía, Paul, el alma de la espada era una gallina…

—Y la del tigre un dragón.

—Pero, Paul, un dragón era un lagarto muy grande, y con alas, ¿no has dicho que no queremos lagartos?

—Pues eso, el dragón es un mito, como la calidad ideal. Ya hemos dicho que el cliente busca el ideal, la perfección suprema, la felicidad; pero aunque haya intangibles de por medio, no debemos vender mitos ni promesas incumplidas, sino realmente satisfacer a nuestros clientes. Y recordar que en tema de calidad, la última palabra la tiene el cliente, y valorará la calidad del producto o servicio en la medida en que le beneficia y ha conectado con sus necesidades.

—Pues hala, a vender calidad.

—¿A que no hay huevos?

¿Y si matamos al Producto?

—¿De verdad, Paul, que no vas a hablar de los tipos de producto y su clasificación?

—No. Hay muchas clasificaciones, y las puede consultar fácilmente el lector curioso. Además, clasificar supone siempre limitar, y tal como está el patio, no es bueno que el vendedor se ponga limitaciones. Hay productos que se han saltado esas clasificaciones, y han nacido en un sector para luego desarrollarse y crecer en otro, y al contrario.

»Y sí, las formas de vender, las características y estrategias de venta son diferentes en productos industriales y en productos de consumo, y diferentes si se clasifican por su naturaleza, su origen, o por el tipo de comprador, o por países. Y sí, la mercadotecnia es distinta en cuanto a precios, promoción, distribución, comunicación, etc., en todas y cada una de las ramas y sub-ramas de cada clasificación... pero el vendedor ya se dará cuenta de la mayoría de esas diferencias, muchas de las cuales son obvias, en su segmento específico, y es su labor descubrirlas. Al igual que aprender de su producto, y de su competencia, y de su mercado.

—Sea.

—Pero hay una característica que creo es importante mencionar, porque suele ser bastante relevante para el vendedor, y con la que se enfrenta muy a menudo, y es la de las etapas de la vida del producto, su ciclo de vida. De hecho Sei en tu libro hablaba también del ciclo de vida del producto, pero analizaba uno en particular, un caso con un ciclo de vida corto, el de las modas, y en particular de las modas que afectaban a los artículos de seda.

—¡Ay!, no me lo recuerdes, cada año y cada estación era distinta, y yo no sabía que combinación de colores tocaba en el kimono...

—Tranquilo, Jin, era sólo un ejemplo, no vamos a hablar de modas, sino del ciclo de vida de los productos y algunos problemas asociados.

—Mejor.

—Pues a ello:

El ciclo de vida de los productos está formado por diferentes etapas en las que se producen diferentes niveles de ventas, diferentes tasas de crecimiento y demanda, y también de beneficios.

»Este ciclo de vida es muy diferente de unos productos a otros, y cada etapa puede también durar más o menos. Hay productos con una etapa de introducción muy larga, mientras que otros son aceptados en poco tiempo. Las cuatro etapas básicas son:

1. Introducción
2. Crecimiento
3. Madurez
4. Declive

Aunque lo podemos complicar un poco más con más pasos que de hecho se dan muchas veces:

1. Investigación + Desarrollo + Innovación (I+D+I)
2. Introducción o lanzamiento
3. Crecimiento
4. Plenitud primera (boom)
5. Madurez
6. Relanzamiento
7. Plenitud segunda
8. Estabilidad
9. Relanzamiento... etc.

Hasta el punto de decidir descontinuar el producto, matarlo, ya sea de forma lenta o rápida.

—Vale, el producto nace, crece, vive, se desarrolla, a veces se reproduce, y muere, ¿y qué tiene que ver con nuestro vendedor?

—Pues tiene que ver y mucho, Jin: dijimos que el valor percibido del producto por el cliente era dinámico, cambiante, y encima ahora este producto atraviesa también distintas etapas, tampoco es estático. El vendedor tiene que maximizar el valor percibido en la mente de su cliente en todas y cada una de las etapas del producto, pero en cada una de ellas tendrá que redefinir los elementos de la fórmula y tendrá que tener en cuenta también las reacciones de la competencia: cada etapa presenta características y desafíos distintos al vendedor. La propuesta de valor que debe de hacer a su cliente debe de ser también distinta dependiendo de la etapa en la que esté el producto. El vendedor tiene que reconocer y afrontar en qué etapa está el producto, todos y cada uno de sus productos, y sobre todo los de la competencia.

»El cliente compara el valor percibido de tu propuesta con sus otras alternativas de compra (tu competencia o no comprar), y en ese sentido es muy importante reconocer no sólo cual es el valor percibido de la competencia, sino en que etapa del ciclo de vida está el producto competidor también.

»Y luego están los famosos objetivos de ventas, por los que el vendedor se siente presionado a cumplir. La etapa de lanzamiento y crecimiento de un producto es fundamental para la permanencia de un producto en el mercado, pero donde hay más ventas es en la etapa de madurez, donde se alcanza su máximo, y se estabilizan. El vendedor no puede pretender vender lo máximo en la etapa de lanzamiento. Tiene que haber un equilibrio, y un planteamiento distinto ante el cliente.

»Por otro lado, un mismo producto puede recibir una buena aceptación estando en crecimiento en unos mercados, pero luego estar en la etapa de introducción en otros mercados, otros nichos, otros clientes, o incluso el mismo producto estar en distintas etapas en distintos países. Y el planteamiento del vendedor para el mismo producto cambia. Veamos algunos de estos planteamientos por etapas, empezamos por la de introducción o lanzamiento.

—Paul, en mi época, lanzar era tirar dicha arma al enemigo, ¿vamos a arrojar lanzas a los clientes?...

—Pues casi, y además apuntando a dar…, pero tranquilo, es en sentido figurado, no queremos que los productos les hagan sangre, pero sí mella en su conciencia, y en su corazón. Vamos a ello:

Introducción/Lanzamiento

El vendedor debe centrarse en dar a conocer el producto, de crear imagen del producto, bombardear con información. Y debe de ser consciente de que las ventas pueden ser bajas, por de pronto. Debe de ser muy consciente de que cada cliente requerirá un esfuerzo y tiempo superior, y su objetivo más que vender es que el cliente pruebe, los clientes en esta etapa son probadores, que luego van a hablar a otros clientes, y van a recomendar tu producto, son evangelizadores. En ese sentido interesa elegir que clientes son más innovadores y son más abiertos a probar.

»El producto en esta etapa suele ser básico, y ya en la etapa de crecimiento tendrá más accesorios, presentaciones y variaciones que el vendedor tendrá que añadir también al argumentario inicial.

»Si el producto es una autentica innovación no tendrá competidores en este periodo, y por lo tanto los argumentos de venta no tienen que ver con competencia, mientras que si es una novedad, pero ya hay productos similares en el mercado, entonces es necesario buscar la ventaja diferencial respecto a la competencia existente y añadirla al argumentario.

»En la etapa de introducción hay una fase de aprendizaje, de errores, donde podemos comprobar qué beneficios del producto son los más aceptados por los clientes y cuáles no, en comparación con los que planeábamos, e incluso podemos llevarnos alguna sorpresa y descubrir nuevas motivaciones de compra en las que no habíamos pensado inicialmente. Es una etapa de sintonización con el cliente, donde el vendedor tiene que pensar y repensar su propuesta de valor constantemente.

»Además suele ser una etapa donde se suele jugar más con la variable precio, con ofertas de lanzamiento, descuentos promocionales, muestras gratuitas, etc., para inducir a la prueba; se crea conciencia del producto con una mayor actividad promocional, no sólo con clientes sino también con distribuidores, que tienen que ser también persuadidos para adoptar y promover el nuevo producto. En cualquier caso, la gestión de distribuidores merece también otro libro aparte, por lo que no vamos a profundizar mucho aquí.

»Las presentaciones y lanzamientos de nuevos productos son las que más interés suscitan tanto en clientes finales, intermedios, consumidores, distribuidores, especificadores, líderes de opinión, etc., ya que las cosas nuevas se presumen como mejores que las actuales. El atractivo de la novedad es uno de los motores de la venta: el cliente presta mayor atención, la novedad le despierta la curiosidad y está más receptivo a asimilar las ventajas propuestas; el cliente en esta etapa está abierto a las novedades como promesa de nuevos beneficios, promesa que el vendedor debe intentar cumplir en todos los sentidos para satisfacer al cliente.

»En resumen, en la primera etapa es esencial aumentar el valor percibido del producto o servicio al máximo para una rápida introducción, buscando la satisfacción total de los primeros probadores. En caso contrario, si el valor percibido final no supera las expectativas del cliente probador, el producto puede morir antes de tiempo, sin haber vivido todavía.

—Y entonces lo matamos…

—No, todavía no, Jin. Antes suelen matar al vendedor o a los diseñadores del producto… Que no, que es broma, aunque sí es verdad que hay una alta mortalidad entre los nuevos productos, y muchos fracasan en su lanzamiento al mercado.

»Hay una tendencia a la unificación, las empresas copian e igualan las ventajas competitivas unas a otras, y al final nadie aporta un valor diferencial. Los productos acortan cada vez más sus ciclos de vida y el cliente acaba buscando sólo novedades, por la promesa de la novedad, pero no porque sea una autentica innovación que satisfaga sus necesidades de otra manera. Lo apropiado, antes de matar a nadie, sería renovar la propuesta de valor, cambiando la imagen que hay en la mente del cliente y que no ha tenido éxito, pero para ello hay que pensar porqué el producto no se vendía y modificar nuestra propuesta en correspondencia.

»A veces, para evitar problemas en la etapa de introducción, las empresas hacen pruebas del producto de forma limitada en un mercado elegido más reducido, exclusivo, y así analizar la posible respuesta real del mercado para cambiar a tiempo la propuesta de valor final antes del lanzamiento global y real del nuevo producto. El vendedor puede hacer algo similar con sus clientes de confianza, los de toda la vida, los que le van a dar una opinión sincera que le puede ayudar a modificar su propuesta de valor inicial, antes de cometer los mismos errores con otros clientes, pero también hay que tener cuidado de que estos clientes de confianza no se conviertan en conejillos de indias, corriendo el peligro de perder su lealtad.

»También hay que tener cuidado en esta etapa de no acelerar el declive de otros productos con la introducción del nuevo, y es que pasa muchas veces que el vendedor, en su ansia por introducir rápidamente el nuevo producto al mayor número de clientes, se olvida de otros que están en su madurez, que se están vendiendo con regularidad, y que pueden ser mejor opción para determinados clientes que el nuevo, el cual se trata de endosar a toda costa. En definitiva, es otra consecuencia del defecto de no escuchar a los clientes: escuchándoles con interés se averigua qué producto realmente es el que mejor satisface sus necesidades y que no tiene porqué ser necesariamente el nuevo aunque esté en promoción, y aunque tenga más ventajas, ya que éstas pueden no serlo para determinados clientes. No siempre lo último es lo mejor, y en cualquier caso por eso hay gamas y variedades de productos similares, para cubrir diferentes necesidades y tener respuestas para todo tipo de clientes y segmentos de mercado.

Crecimiento

El producto ha sido aceptado en el mercado, hay una demanda creciente y hay un crecimiento rápido de ventas; de la distribución selectiva de clientes pasamos a una distribución intensiva, y aumentamos la participación en el mercado. Es la etapa de comprar el producto, superando la de probarlo.

»El producto puede también ofrecer más características que las iniciales y/o ofrecer otros servicios y utilidades, puede tener nuevos accesorios, nuevas funciones, nuevos servicios (garantías, extras, etc.). Por otro lado pueden aumentar los competidores en esta fase, por lo que el vendedor tiene que estar atento a los movimientos del mercado y a cómo la competencia se adapta para competir contra este nuevo producto que está ganando sitio.

»La etapa de crecimiento puede tener en general muchas turbulencias, y el vendedor profesional tiene que aplicar todas y cada una de las 7 virtudes mencionadas, como mínimo.

»El argumentario de ventas del vendedor tiene que ampliarse con nuevos conceptos e ideas que surgirán de la experiencia con los nuevos clientes, y de la reacción de la competencia: el vendedor tiene que analizar las experiencias positivas de clientes satisfechos, y sobre todo las de los insatisfechos, donde habrá que centrarse especialmente como oportunidades para realmente corregir y mejorar el valor percibido de nuestro producto.

»El problema la mayoría de las veces suele estar en un intangible como es el servicio, generalmente el servicio postventa, la asistencia durante el uso del producto (para que sea realmente un buen uso del mismo, y no un mal uso por desconocimiento del cliente), y también en la confrontación entre unas expectativas muy elevadas del producto o servicio y la realidad, y si se cumplen los beneficios prometidos o no. Y porqué no los cumple. Y si no los puede cumplir está claro que son beneficios a eliminar del argumentario de ventas.

—No vender dragones…

—Correcto, Jin. Pero también hay que pensar que la competencia elaborará su propio análisis de características/beneficios/ventajas de nuestro producto en comparación con su alternativa, y que intentarán vender como imagen en la mente del cliente, imagen que nos van a transmitir los potenciales clientes en su constante comparación de valores percibidos de cada alternativa antes de comprar. Y el vendedor tiene que escuchar atentamente y adecuar su argumentario con los valores nuevos recibidos por parte de clientes satisfechos y las lecciones aprendidas con los insatisfechos, para reforzar el valor percibido de su producto ante esos ataques de la competencia, y contrarrestarlos en la mente comparativa del cliente.

»Al fin y al cabo, si el producto crece y gana posición en el mercado es a costa de otros de la competencia que pierden su parte del pastel.

»Por otro lado, si el vendedor trabaja con distribuidores, es la etapa para aumentar el número de distribuidores de dicho producto, o de la marca en general, aprovechando el atractivo tirón del nuevo producto exitoso. Aumentar el número de canales de distribución puede ser una tarea principal del vendedor en esta etapa para consolidar la tendencia del crecimiento de las ventas y su posicionamiento.

»Después del bombardeo al cliente en la etapa de introducción, el producto ya es conocido, y ahora es momento de crear una conciencia colectiva en el mercado de los principales beneficios del producto y sobre todo de las ventajas diferenciales contra la creciente agresividad de la competencia. El vendedor, con su visión de futuro, debe pensar en esta evolución del producto para poder extender su ciclo de vida, y anticiparse a todos esos cambios, repensando su propuesta de valor para maximizar su participación en el mercado, y que ese crecimiento sea constante.

»Es el momento de asentar la marca y la calidad percibida del producto en la mente del cliente. Es hora de preguntarse si estamos consiguiendo hacer marca y si la calidad percibida es la correcta. La etapa de conocimiento se convierte cada vez más en una etapa afectiva, pues para crear marca hay que vender sensaciones y soluciones, vendemos los atributos intangibles y emocionales del producto, el cual en esta etapa debe demostrar sus bondades de forma repetida, ganándose la lealtad de los clientes, creando una lealtad a la marca para producir compras de repetición. Pasamos de la novedad a la constancia.

—¿Crea fama y échate a dormir?

—Sí, pero no, Jin, pues el éxito del hoy no garantiza el éxito del mañana. La evolución del producto a lo largo de su ciclo de vida es impredecible. Hoy cada vez son más cortas las etapas y la competencia es cada vez mayor y más rápida, aparte del hecho de que el uso de las nuevas tecnologías producen rápidos y fuertes cambios en el mercado, y por eso la perspectiva y la creatividad son características esenciales del vendedor profesional, pues ambas son necesarias para poder hacer crecer y mantener el producto en este entorno tan cambiante, y llevarlo a su madurez.

—Maduremos pues.

—Cual manzanas, Jin.

—Pero Paul, también las hay que se pochan…

—Pues sí… hay productos que maduran demasiado rápido, y también demasiado rápido mueren, como en el caso de las modas pasajeras, pero eso también lo tiene que tener en cuenta el vendedor, y reconocer cuando su producto es una moda, y estar preparado para ello, para su rápida muerte, aunque la duración del producto de moda en su madurez depende de la popularidad, y a veces se convierte en un producto cuyo consumo se repite temporada tras temporada, convirtiéndose en un clásico, o vuelve cada cierto tiempo, no muriendo del todo.

—Paul, yo quiero ser un clásico, no un producto de moda…

—Sinceramente, Jin, espero que no me vayas a dar la vara año tras año… aunque en el fondo tienes razón, vender nunca pasará de moda, y aprender a vender tampoco. Sigamos con la madurez del producto:

Madurez

Las ventas llegan a su punto más alto en esta etapa y tienden a estabilizarse, y al final de la misma empiezan a bajar. Suele ser la fase más larga del ciclo de vida, y el vendedor profesional debe intentar extenderla lo más posible. Aquí el objetivo no es ya crecer, sino mantenerse y por lo tanto el objetivo más deseado es la fidelización de los clientes, para lo cual el vendedor debe procurar construir y no romper la cadena de lealtad del cliente.

—¿Qué cadena, Paul? Aparte de lancearles, ¿también vamos a poner cadenas a los clientes?, me empiezan a parecer esclavos.

—Bueno, en la antigua Roma clientes y esclavos se parecían, eran clases sociales cercanas, y aunque ya no estamos en esa época, hoy hay muchos clientes que son esclavos de algunas marcas y productos, y no pueden dejar de usarlos… Sí… ¡consumid, consumid, malditos!... ¡Ja, ja, ja!...

—¿Qué te pasa Paul?, de repente has puesto cara de sádico, me das miedo…

—Nada, ha sido un pronto, ya se me pasó… Creo que se me había metido dentro el espíritu canalla de la sociedad de consumo por unos instantes, alienándome, pero ya se fue, Jin, aunque puede volver en cualquier momento; o será porque se me ha crujido el ordenador y he tenido que reiniciarlo, pero ahora ya soy un esclavo feliz de nuevo… Aunque consumo no es lo mismo que consumismo, y cliente no es lo mismo que esclavo, el consumo actual lleva a un sistema similar de clases sociales como en la antigua Roma, pero ahora las clases se distinguen por los productos que consumen y por el afán de distinguirse de los demás… pero eso es otra historia, Jin, volvamos a nuestras propias cadenas… Sigamos:

En realidad esto de la cadena pertenece a otro capítulo, pero creo que merece la pena avanzarlo aquí: la cadena de lealtad empieza con la calidad del producto o servicio, que produce un alto valor percibido, el cual produce la satisfacción del cliente, y ésta lleva a la fidelidad del mismo. Es una cadena, y el vendedor generalmente puede tener influencia en cada eslabón, de una forma o de otra, y su buen desempeño en todas ellas afectará el poder alargar la madurez del producto. Por eso decimos que no hay que romper la cadena de lealtad, por ningún sitio, pues una cosa lleva a la otra.

»En esta etapa de madurez, donde suele haber ya muchos competidores, las guerras de precios son habituales, la competencia de precios es intensa, y el vendedor tiene que evitarlas aportando ventajas diferenciales al valor percibido por los clientes. Hay que enfatizar y diferenciar los beneficios de la marca ya establecida.

»Suele ser también una etapa donde el producto se diversifica con nuevos modelos o variaciones del producto, nuevas versiones (a veces una versión de mayor precio y otra de menor precio), nuevos accesorios o nuevos servicios asociados. Todo ello para atraer nuevos clientes, y son también ocasiones que tiene que aprovechar el vendedor para estimular el cambio de marca y arrebatar clientes a la competencia: en esta etapa los clientes tienen claro las características de cada producto, tienen ya creada una imagen de las posibles opciones, por lo que cualquier variación en la fórmula de valor que produzca una diferenciación significativa es la que permite mantenerse en el mercado y no caer en declive frente a otras opciones.

»A veces es necesario nuevas promociones, e incluso cambios de precios, para alargar esta etapa del producto, pero en definitiva, desde el punto de vista del vendedor, al final es lo que ya hemos hablado, la satisfacción y la lealtad dependen de la diferencia entre el valor percibido y las expectativas, por lo que el vendedor tiene que jugar muy bien con ambas cosas, y repensar su propuesta de valor para buscar su permanencia en el mercado y mantener una base de clientes leales que evite la entrada de competencia y la disminución de nuestra parte del pastel. Si el cliente es leal, el negocio es de largo plazo, si no, el producto empezará su declive hasta morir... o reinventarse.

Declive

Las ventas disminuyen. También hay productos nuevos que empiezan a ocupar parte del mercado del producto en declive. Hay innovaciones tecnológicas que cambian los usos, gustos y costumbres de clientes, modificaciones del mercado, nuevas normativas, pérdida de competitividad por variaciones de costes, entrada de nueva competencia, el producto se vuelve obsoleto (otro tema es la obsolescencia planificada), agotamiento de modas, influencias políticas, etc.

»Las causas del declive pueden ser muy variadas, pero el efecto es el mismo, y es la disminución de la demanda del producto y en consecuencia de sus ventas, de forma irreversible.

»Ya se ha intentado todo, se han hecho modificaciones, relanzamientos, se han propuesto nuevos usos y aplicaciones, se han reducido los costes de producción, se han explorado nuevos nichos de mercado, incluso internacionales, se ha profundizado en todas las formas posibles de fidelizar a los clientes, se ha aumentado la participación del cliente con nuevos servicios añadidos, pero el producto no se aguanta en el mercado, no se adapta a los deseos y necesidades de los clientes, y los esfuerzos para mantenerlo empiezan a no ser rentables.

—Y entonces, ¿lo matamos ya?

—Pero que ganas tienes de matar el producto, Jin… No te preocupes, si no lo matas tú, él mismo se hace el haraquiri….

—Eso ya me gusta más. Le prestaría mi espada si la tuviera…

—En realidad todavía puede haber una clientela que le sigue siendo fiel, y que todavía puede resultar interesante para la empresa, y cuyos beneficios no requieren un gran esfuerzo. Y si hay canales que no son rentables, se pueden eliminar y trabajar selectivamente.

»El trabajo del vendedor suele ser menor en esta etapa respecto a ese producto, e incluso se puede permitir el lujo de bajar el precio en muchas ocasiones, aparte de que se reducen gastos en promoción y publicidad. También el número de competidores va decreciendo, muchos pueden abandonar el sector o la línea de productos específica.

»En definitiva, se trata de terminar de ordeñar la vaca, pero no por ello hay que dejar tirados a los clientes todavía leales, hay que seguir dándoles servicio, pues aunque la marca del producto está en declive, no tiene porqué bajar también la marca e imagen de la compañía, que tiene otros productos o que está lanzando otros nuevos, y los declinantes pueden servir de apoyo para nuevos lanzamientos entre los clientes todavía leales.

»Hay que seguir aprovechando el alto valor percibido del producto generado anteriormente para aumentar el valor de la empresa y del vendedor, el cual tiene una gran oportunidad para reforzar su liderazgo, pues es capaz de seguir generando negocio incluso con un producto en declive, desacelerando la perdida de mercado e identificando aquellos clientes o sectores del mercado que pueden ser todavía rentables o que, en caso de dejarlos sin servicio, el perjuicio para la imagen y marca de empresa puede ser mayor que el resultado negativo del propio producto.

»En esta etapa el vendedor es un cosechador que recoge los últimos frutos, y que pone la tierra en barbecho, que busca no solo el mantenimiento alargado del producto, sino que prepara al mercado para el advenimiento de nuevos productos que sustituirán al viejo una vez se retire definitivamente del mercado.

»Aparte, en este periodo el vendedor puede todavía captar clientes rezagados que todavía no habían usado el producto, y que a raíz de su declive y posible bajada de precio ahora sí optan por comprarlo; es el único caso en que su propuesta de valor se puede basar sobre todo en el precio, y no tanto en beneficios que ya no lo son tanto pues han dejado de serlo para el cambiante mercado. En este proceso el vendedor necesita de su visión y perspectiva de futuro y de su capacidad de ponerse en el lugar del cliente, el cual necesitará un producto de sustitución para cubrir las necesidades que cubría el anterior y para las nuevas que no cubría, nuevas necesidades que el vendedor ha detectado a lo largo de la vida del producto y que también han podido ser causa de su declive.

»Además, si éste era un producto estrella, hay unos intangibles sentimentales que no recomiendan matar al producto de golpe, sino poco a poco, que no sufra. El vendedor tiene que matar el producto original sin que sufra el cliente (y sin que sufra el vendedor…) y abonar el mercado para el futuro. Tiene que ser previsor. Pues viene un nuevo ciclo de vida de otro producto. Nuevos productos, nuevas soluciones, la rueda de la vida, el samsara, el eterno retorno…

—Esa me la sé, Paul: el bushido, lo antiguo es lo nuevo, y lo nuevo es lo antiguo, la razón y el corazón, el dolor y el placer, el día y la noche, el tigre y el dragón,…

—Eso, correcto, y también pensar que el tigre no cierra los ojos, si acaso de vez en cuando te aparta la mirada. Pero es entonces cuando tienes que estar más atento, pues te sigue mirando aunque no te vea…

—Entonces, al final, Paul, ¿no hemos matado el producto?

—Sí… pero no: el producto sigue viviendo en la mente del cliente, sobre todo si fuiste capaz de apelar a sus emociones, si realmente lo vendiste, con mayúsculas… Así pues: ¡el producto ha muerto! ¡Viva el producto! ¡Larga vida al producto!

— ¡Viva!

CAPÍTULO 5: EL CLIENTE

Sobre el Cliente

—Jin, toca hablar del cliente. En realidad hemos venido hablando ya bastante de clientes. Hemos hablado muchísimo. ¿Hacemos un resumen y recopilación de todo lo que hemos dicho ya?
—Adelante, Paul.
—A ello:

o Hemos nombrado, por ejemplo, la nueva forma hoy en día de relacionarnos con ellos, de gestionar la experiencia del cliente para que aumente su felicidad al comprar, y sobre todo hemos hablado de las necesidades del cliente y de cómo vender es satisfacer esas necesidades.

o Hemos hablado también de que el cliente es persuadido y movido por razones psicológicas, por emociones y sensaciones, movido por el corazón, no por la cabeza. Hemos recalcado la importancia de conocer bien al cliente, en profundidad, y que para ello es necesario conocernos primero a nosotros mismos.

o Hemos dicho que el vendedor es y será el que tiene una comunicación directa con el cliente, si bien han cambiado los medios, canales y herramientas para vender más y mejor, y que también han cambiado las expectativas, lo que espera el cliente, y su relación con el vendedor. El cliente desconfiado de ahora es un supercliente con mucha más información a su alcance, que adelanta en gran medida el proceso de compra, pero que en último extremo demanda un trato personal, las personas compran a personas.

o Aparte de la satisfacción de necesidades, que son universales, hay que tener en cuenta las motivaciones del cliente y sus expectativas, que sí son cambiantes, y que hay que cumplir, y superarlas si es posible para lograr la fidelización del cliente.

o Dijimos que puesto que el cliente verá todos los productos casi iguales, las ventas serán más consultivas, y que el vendedor construirá el producto con el cliente, los cuales necesitarán de un experto, un líder, que les dé confianza y valor, ahorrándoles tiempo y dinero.

o Hemos dicho también que las empresas de hoy buscan ganarse sobre todo el corazón de los clientes, y para eso tenemos que reconocer y mejorar nuestros defectos.

o Hemos dicho que uno de los principales defectos de los vendedores es no conocer al cliente, o al cliente de tu cliente, o no reconocer cuál es tu cliente.

o Se ha dicho que hay que dejar que el cliente hable, y que él es el que tiene que hacer las observaciones. Que hay que adaptar el material y herramientas de venta a las necesidades de cada cliente o audiencia, y que una de las armas de venta son las listas de clientes satisfechos o referencias.

o Se ha dicho que la preparación previa es muy importante ante cualquier cara a cara con el cliente, improvisar lo menos posible, informarse sobre el cliente, conocer sus necesidades, y tener preparadas las posibles objeciones y también las posibles soluciones.

o Hemos comentado que hay que hablar claro y lo más cercano al cliente para que nos entienda, y que es necesaria la empatía. Y que el que más tiene que hablar es el cliente, que necesita que le escuchen. Y que es un error que el cliente no hable. Que debemos preocuparnos por entender las necesidades del cliente, y no perder su tiempo ni aburrirle con discursos preconcebidos y no centrados en sus necesidades. Y menos discutir con él.

o Hemos comentado que hay que cerrar cuando estamos seguros de que el cliente quiere también que cerremos, y hacerlo con convicción. Que hay que estimular al cliente, suscitar deseos de compra, y que note que el vendedor trabaja para ayudarle. La actitud de servicio al cliente es el éxito de muchas gestiones comerciales. El cliente también compra por constancia, y debe ser el vendedor el que se acuerde del cliente, recordarle que estamos ahí, llamar su atención, pero sin ser pesado, y que la misma constancia es fundamental para la fidelización de los clientes, cumpliendo con la calidad y el servicio prometido.

o Hemos dicho que vender no es hacer operaciones individuales sino que los auténticos clientes son los que repiten una y otra vez. Se remarcó que hay que dar al cliente razones de compra que nos diferencien en un mercado tan competitivo, elementos diferenciales que sean beneficios o ventajas para el cliente.

o Hemos dicho que no hay que centrarse tanto en el producto como en el cliente, y que hay que partir del cliente a la solución y no al revés, buscando de forma profesional resolver los problemas del cliente.

o Se ha vuelto a decir que si conocemos a fondo a nuestro cliente sabremos qué beneficios debemos vender y como llegarle al corazón. Hemos comentado que muchas de las características del vendedor son también las de los clientes, tanto virtudes como pecados capitales, pues no dejan de ser personas.

o Se ha hablado de la importancia de identificar los clientes y mercado de la competencia, y en no perder tiempo con sus clientes más leales, sino con aquellos insatisfechos y con el mercado que no están cubriendo. Que hay que conocer muy bien a la competencia para poder responder adecuadamente las preguntas de los clientes que tienen que ver con ella.

o Hemos insistido en que los clientes compran soluciones, no características. Vender es persuadir y son los beneficios los que persuaden a los clientes, sobre todo los emocionales. El cliente no percibe nada si solo se le venden características, y necesita saber porqué debería comprar. El cliente no compra el producto en sí, sino los beneficios, tangibles o intangibles que le aporta nuestro producto o servicio. Y la clave está en dar con los beneficios y ventajas que persuaden a cada cliente, sobre todo las diferenciales respecto a tu competencia. El cliente no debe decidir por precio, y cuando el argumentario de beneficios es similar, el elemento diferencial es el vendedor que genera confianza del cliente hacia su propuesta y un valor añadido al producto o servicio.

o Hemos dicho que es muy importante generar ante todo confianza en el cliente, y que las ganas sinceras de ayudar y servir al cliente deben ser evidentes. Hay que dar autentico servicio al cliente, y que note la diferencia entre simplemente atenderle y ayudarle. Hay que entender a los clientes, y tener interés real en satisfacer sus necesidades, tener empatía, escucharles y responderles, darles soluciones, ayudarles con todas las virtudes, y que este valor diferencial se note.

o Hemos comentado que la creatividad nos ayuda a satisfacer al cliente, con nuevos caminos y formas innovadoras de fidelización, con soluciones creativas y diferenciales, y que el vendedor creativo se convierte en consejero del cliente. El cliente tiene expectativas cada vez más exigentes para satisfacer las mismas necesidades, cambiando las formas de satisfacerlas, y necesita nuevas soluciones que muevan al cliente hacia nuestra propuesta, por lo que será necesario la creatividad para vender más y mejor. También hemos dicho que el buen vendedor incluye al cliente en su perspectiva y visión de futuro, educándole para los cambios con soluciones a largo plazo.

o Insistimos en que es necesario conocer muy bien el producto específico para poder hablar mejor con el cliente específico de ese mercado, pero que de forma general el cliente está interesado en el beneficio que el producto le reporta, y no el producto en sí. Dijimos que cuando el cliente percibe productos o servicios similares, cuando no había diferenciación, al final se competía por precio.

o Y que una forma de diferenciación era la marca, un referente al que el cliente asocia una serie de beneficios de forma automática, y que residía principalmente en la mente del cliente, asociados a un intangible, una experiencia, una imagen emocional, una filosofía o a una historia positiva, en general a valores máximos en su búsqueda de la felicidad. La base de la sostenibilidad de la marca en el tiempo es conocer a fondo a los clientes, y las tendencias cambiantes, para adaptarse y contactar con el cliente en todo momento con credibilidad y transparencia.

o Repetimos que el precio es solo una variable más del valor percibido por el cliente, el cual hay que entender en profundidad, y conocer el balance de beneficios y sacrificios que percibe el cliente en la oferta del vendedor, la diferencia entre lo que recibe y lo que entrega. Dijimos que la labor del vendedor es incrementar ese valor percibido, haciendo que el cliente valore adecuadamente todo el conjunto de beneficios y ventajas, y que el precio no sea la única razón de compra, que no sienta que el producto es caro, haciendo en definitiva una propuesta de valor, que el cliente percibe siempre en comparación con sus otras alternativas.

o Dijimos que la propuesta de valor es explicar a tu cliente por qué te debe comprar a ti y no a tu competencia, proponiendo un valor percibido mayor dentro de la escala de valores subjetiva del cliente, valoración que es diferente antes de la compra, durante y al final: es un valor dinámico. Propuesta de valor que debe ser distinta para cada cliente o mercado. El valor percibido es subjetivo y cambia con cada cliente. Y adelantamos que la diferencia entre el valor percibido y las expectativas producirá el grado de satisfacción del cliente, y como consecuencia su fidelidad.

o Dijimos también que la calidad puede ser una ventaja diferencial que aumente el valor percibido del cliente, en relación también con su precio, con sus expectativas, y con su satisfacción. Pero también dijimos que la calidad es una cuestión subjetiva, y no era posible definirla de forma absoluta, y que en la calidad percibida por el cliente caben muchos conceptos e intangibles. Y que aumentar la calidad percibida, buscando la idea que le da un valor añadido, el alma del producto, sirve para contrarrestar la idea de que un producto es caro o para no luchar por precio. También se podrá aumentar esa calidad percibida solucionando los problemas del cliente en experiencias anteriores.

o Dijimos que el vendedor debe preocuparse por que se perciba una alta calidad de su producto para realmente satisfacer al cliente, pero ésta calidad debe venderse en su justa medida, y aunque el cliente busque la calidad ideal, no hay que vender mitos y promesas que no somos capaces de cumplir. El vendedor tiene que procurar vender calidad, tanto en el producto como en el servicio, pero la última palabra la tiene el cliente. La satisfacción del cliente no es sólo consecuencia de la calidad, pero se complementan, y la buena calidad debe siempre buscar la satisfacción del cliente.

o También dijimos que el vendedor tiene que maximizar el valor percibido en la mente del cliente en todas y cada una de las etapas del ciclo de vida de los productos, redefiniendo su propuesta de valor en cada etapa, y comparándola con la de la competencia. En cada etapa el planteamiento ante el cliente debe ser distinto.

o En la etapa de lanzamiento apuntamos a dar, bombardeamos con información al cliente, creando conciencia del producto con una mayor actividad promocional, para que pruebe. Los clientes son probadores y evangelizadores en esta etapa. Y aprendemos con el cliente, sintonizamos con él comprobando que beneficios son los más aceptados y variamos nuestra propuesta de valor buscando la satisfacción total de los primeros probadores. Aparte, el cliente presta mayor atención a las novedades que se presumen mejores, que son promesas de nuevos beneficios, y que el vendedor debe cumplir. También dijimos que el vendedor puede evitar problemas en la introducción haciendo pruebas primero con sus clientes de confianza, pero con el debido cuidado. Y que en cualquier caso, hay que escuchar a los clientes, no perjudicar otros productos que están funcionando bien durante la introducción del nuevo, y ofrecer siempre la mejor opción para los clientes, la cual será variada.

o Dijimos que en la etapa de crecimiento pasamos a una distribución intensiva de clientes, donde ampliamos nuestro argumentario con nuevos conceptos y lecciones aprendidas de la experiencia con los clientes —tanto los satisfechos como los insatisfechos—, y de la reacción de la competencia, donde analizamos problemas frecuentes, como el servicio postventa, y profundizamos en las ventajas diferenciales y principales beneficios del producto ante la creciente agresividad de la competencia. Donde asentamos la marca y la calidad percibida del producto en la mente del cliente. Donde el producto se va ganando la lealtad de los clientes, con constancia, mostrando sus bondades, y produciendo compras de repetición.

o Se dijo que en la etapa de madurez el objetivo más que crecer era mantenerse, y el ideal buscado es la fidelización de los clientes, para lo cual el vendedor debe mantener la cadena de lealtad. También tenía que enfatizar y diferenciar los beneficios de la marca establecida, aportando ventajas diferenciales al valor percibido por los clientes, para evitar las guerras de precios, estimular el cambio de marca, mantenerse en el mercado y no caer en declive. El vendedor tenía que intentar alargar esta etapa del producto manteniendo una base de clientes leales que eviten la entrada de competencia, y repensar su propuesta de valor con nuevas promociones y variaciones de la formula de valor.

o En la etapa de declive dijimos que todavía había una clientela fiel, interesante, a la que hay que seguir dando servicio, que pueden servir de apoyo para nuevos lanzamientos, y que el vendedor tiene que identificar. Y que tenía que intentar desacelerar la perdida de mercado de su producto. El vendedor también captará clientes rezagados en esta etapa, principalmente por precio. Y también irá preparando y educando a los clientes para un nuevo ciclo de vida de producto, siendo previsor y matando el producto original sin que sufra el cliente, aunque en cualquier caso el producto seguirá viviendo en su mente.

—Pues sí que hemos dicho cosas de los clientes, sí…, me sorprende todo lo que hemos dicho. ¿Todavía tenemos algo más que decir, Paul? ¿O terminamos el apartado?
—No. Todavía queda bastante por hablar…

Tipos de Clientes

—Por ejemplo, Jin, Sei hablaba bastante en tu libro de los tipos de clientes. Háblame de ello, por favor.

—Por supuesto: Sei hablaba no sólo de tipos de clientes según su nivel social y según las distintas razas, sino también de características y comportamientos comunes. Hablaba por ejemplo del cliente positivo, del cliente negativo, del sabelotodo, del que se da importancia, del tranquilo, del nervioso, del asustado, del curioso, del agresivo, del cortés, del distraído, del hablador, del silencioso, del indeciso, del reflexivo, del cliente difícil... y muchos más. También los clasificaba según su edad, el cliente anciano, el joven, el de mediana edad, si venían del norte, del sur, del este o del oeste, o si eran extranjeros; y según sus profesiones, campesinos, agricultores, cortesanos, nobles, samuráis, gobernantes, consejeros, obreros, artesanos, jardineros, carniceros, actores, funcionarios, comerciantes, monjes, sacerdotes, etc.

—Y así hasta un millón. Tantos como clientes...

—¿Merece la pena que hagamos un listado similar?

—Yo creo que no, Jin. Si bien, puede ayudar el conocer ciertas clasificaciones y las características de cada uno de estos clientes. Puede ayudar el conocer la manera de entenderle, y qué tipo de argumentación utilizar en cada caso, o si hay que hacerle muchas o pocas preguntas, y conocer algunos errores a evitar. Pero el vendedor profesional no necesita memorizar dichos listados, conoce e intenta conocer a su cliente, para saber lo que le motiva, descubrir sus necesidades, y actuar en consecuencia.

»Muchas de estas clasificaciones las puede buscar el lector curioso en internet si le interesa profundizar más, pero todos esos clientes, con sus rasgos más o menos acusados, distinto carácter y temperamento, son seres humanos: ya hemos dicho que en la acción de vender hay mucha psicología, y conociendo nuestros errores, conociéndonos a nosotros mismos, y teniendo empatía, poniéndonos en el lugar del cliente, y aplicando un poco de lógica y sentido común, sabremos cómo quieren ser tratados nuestros clientes (como nosotros mismos en realidad), y puesto que la comunicación entre seres humanos es la base esencial de la venta, aplicando la mayoría de observaciones que hemos venido listando en anteriores capítulos, se hacen innecesarios estos listados de tipos de clientes.

»Dichas clasificaciones pretenden ser fórmulas mágicas a aplicar a cada cliente, pero un cliente puede no estar en esa lista, o pertenecer a varios tipos de la misma, o un día ser tranquilo y otro nervioso, y otro estar enfadado, y cambiar de profesión y de lugar de residencia, y de país, y de religión, y hoy en día hasta de sexo, por lo que no podrás aplicarle el tratamiento preconcebido a su tipo. Cada persona es un mundo, y cada cliente también. Si no queremos estereotipos para los vendedores, tampoco para los clientes.

»Así, podemos encontrar clasificaciones e instrucciones del tipo: "si el cliente es del tipo Importante, evite contradecir al cliente, hay que elogiarle, acoja con interés sus opiniones, sea paciente, y escúchele con atención, utilice una argumentación breve pues suele contradecir o poner en duda las afirmaciones del vendedor, creen que lo saben todo del producto, es mejor dejarle hablar a él mostrando interés…" O también, por ejemplo: "si el cliente es del tipo Reflexivo, retardará la decisión, lo tiene que ver todo, y necesitará mucha documentación, tiene que estar completamente informado, hay que atenderle con mucha paciencia, constancia y argumentación clara y completa, no hay que meterle prisa ni ponerse nervioso con él, y hay que ofrecerle muchas alternativas,…" Y así muchas más… infinitas.

»Relea las dos instrucciones anteriores, y compare mentalmente con lo dicho hasta ahora en anteriores capítulos… ¿Ya?... Entonces: ¿se ha dicho algo distinto que no hayamos dicho ya, y que además es común a la mayoría de los clientes, y aplicable a la mayoría? ¿Algo que no sea de lógica ni de sentido común?

—Pues sí, Paul, tienes razón. A mí me recuerda al oráculo.
—O al tarot, o al horóscopo. Olvidemos las clasificaciones y pensemos que el cliente es ante todo SMC…
—¿Y eso qué es, Paul?
—Su Majestad el Cliente, en diminutivo, SMC.
—¡Anda! ¡Un Rey!
—Y rey solo hay uno… es único y distinto a los demás. El cliente paga, y quien paga, manda, como el rey, y ni siquiera tiene que tener razón, solo creer que la tiene, se le escucha y se le respeta de forma especial, y tiene siempre la última palabra. Hay que devolver la importancia al cliente, al rey lo que es del rey, y mirar nuestro negocio con los ojos de los clientes. Al vendedor la única clasificación que le interesa, la única, es si el cliente está satisfecho o no, si es el autentico rey, si se siente único… El único tipo de cliente para nosotros es el cliente Rey…
—Entonces: ¡Viva el Rey!
—¡Viva Su Majestad el Cliente, viva SMC!

Las Motivaciones de los Clientes

—Que no clasifiquemos de forma estereotipada como son nuestros clientes y cómo quieren ser tratados, no significa que no intentemos averiguar qué motivaciones de compra tienen. Una de las principales labores del vendedor es identificar las motivaciones del cliente.
—De acuerdo, Paul.
—Estas motivaciones sí se pueden corresponder con su personalidad, y es de gran importancia que el vendedor comprenda el razonamiento y la fuerza interior que impulsa al cliente para poder comprender sus problemas y objeciones. Si conocemos estas motivaciones, podremos vender más y mejor, y hasta podríamos decir que tenemos la mitad de la venta hecha.

—Pero, Paul, hasta ahora hemos venido hablando de necesidades, y de que el cliente busca satisfacer sus necesidades. Ahora me hablas de motivaciones, ¿qué relación hay entre necesidades y motivaciones?

—En realidad ya lo hemos dicho: dijimos que las necesidades son universales, que no se crean, pero que hay que estimularlas, motivarlas, y las motivaciones ya sí son personales. Dijimos que lo que ha variado a lo largo de la historia es la forma de satisfacer las necesidades, y es esta forma la que está sujeta a manipulación, a mover hacia una dirección. Motivar es activar, excitar la conducta, mover hacia un fin, y el fin es la satisfacción de la necesidad. Las necesidades son comunes a todos los seres humanos, y las motivaciones son individuales, pero tienen su origen en las necesidades.

—Pues no te entiendo…

—Un motivo es la causa de una acción (de compra en nuestro caso), y motivar es estimular a alguien para que realice determinada acción (de compra), hacer que una persona muestre interés por algo; motivar es lo contrario de desmotivar. Para que una persona se interese por un producto o servicio ha de estar motivada para el uso o consumo del mismo. Motivar es todo aquello que le mueve al cliente a satisfacer sus necesidades, es la búsqueda de la satisfacción, disminuyendo la tensión producida por la necesidad.

—Sigo sin entenderlo, Paul. Sei decía que en su época las motivaciones principales eran el honor, la ética, el respeto al orden y a las tradiciones, la espiritualidad, la iluminación, la superación.

—Y la búsqueda de poder, y de defensa del territorio, y de supervivencia, Jin. La búsqueda de satisfacer las necesidades se canalizaba en diferentes direcciones, con diferentes conductas y motivaciones, y diferente intensidad en el grado de motivación, pero las necesidades eran las mismas. Espera… ahora que lo pienso…

tensión, intensidad, canalizar, estimular, excitar… Lo mismo te pongo un ejemplo para que lo entiendas mejor.

—No me lo digas… ya sé que lo tuyo es la ingeniería eléctrica, y me vas a poner un ejemplo de electricidad. La cabra tira al monte…

—Y el tigre busca el dragón…Y el samurái, su espada… la que tú no tienes… Pero no, so listo, pero casi. Imaginemos que una necesidad es un barril lleno, con presión, capaz de liberar esa tensión al vaciarse, de buscar el estado de equilibrio, que es la satisfacción de esa necesidad.

—En vez de tensión, presión… sigues siendo ingenieril… y no me has dicho que tiene el barril.

—Da igual. Puede ser cualquier necesidad, pero si te quedas más contento para la metáfora, pues imagina que es licor de arroz, que es sake. Y que este sake representa una necesidad, o varias, da igual, el caso es que hay que satisfacer esa necesidad.

—Mejor, así si sale me lo bebo…

—No sé con qué boca…

—Es sed espiritual…

—Sigues siendo un cachondo, Jin… Bueno, a lo que vamos, el barril está lleno, y si le haces un agujero en un lateral, sale con fuerza el líquido del interior, y puedes hacerle varios agujeros, en distintos sitios, para que salga todo, para liberar esa tensión de necesidad insatisfecha, y satisfacer esa necesidad. Y ahora hagamos un inciso:

—Pues date prisa, que me lo quiero beber…

—Que borrachín…Vamos a explicar primero algo y luego retomamos el barril.

—Ah, vale, pero no tardes mucho.

—Yo creo que tú ya estás motivado… En fin, sigamos: en todo este afán por explicar la conducta humana, y en nuestro caso la del comprador, se ha convenido en identificar una serie de motivaciones de compra, que se resumen en un acrónimo, para recordarlas mejor, que es MICASO, que se traduce en las motivaciones:

Moda, novedad, innovación.

Interés, económico, beneficio.

Comodidad, facilidad, rapidez.

Afecto, simpatía, fidelidad.

Seguridad, confianza.

Orgullo, autoestima, status.

También está el modelo FASTER (Facilidad, Afecto, Social, Tranquilidad, Economía, Renovación), y el SABONE (Seguridad, Afecto, Bienestar, Orgullo, Novedad, Economía), pero verás que todos tienen elementos comunes y al final de una forma o de otra, las motivaciones que desencadenan la acción de compra son las mismas, con otras palabras, están relacionadas o son combinación de varias. Y de hecho, en la realidad, las motivaciones de compra de un mismo producto pueden ser variadas, una mezcla de varias.

—Se parecen mucho a las necesidades.

—Sí, porque parten de ellas. Es la búsqueda, el camino para la satisfacción, el agujero que hacemos en el barril. O los agujeros. Podemos hacer varios, en distintos sitios, y es labor del vendedor averiguar cuál o cuáles puede hacer, estimular, para provocar esa conducta motivada, provocar que se vacíe el barril. Y se puede vaciar en distintas direcciones, y son estas direcciones las que pueden cambiar según las épocas, Jin… ¿Jin?... Jin, ¿Te has ido?

—Noooh,… Eshoo es que el barril se vació en mi dirección, y estoy aprovechando… sabesh… Déjame que termine de tragar…

—¿Pero será?... Lo que me faltaba… Un espíritu beodo… Bueno, y dime, ¿porqué se vacía ahora? ¿Qué agujeros encontraste?

—Mmm…yo creo que fue por moda… Se puso de moda, y hala, todo el mundo a beber sakesh. También por orgullo y statusz, los de mi clase social al salir de los entrenamientos lo tao-mabamos. Y por afecto, pues era de una marca que me gustaba… ¡Hip!… Perdón.

—Tú el caso es beber… Pero has llegado a otro asunto a tratar, y es cuando la motivación se dirige a un bien o servicio específico, a la marca que te gustaba, y se convierte en deseo de ese bien, y deseo es la motivación con nombre propio.

»El deseo puede ser a nivel del producto genérico o dirigirse a una marca en concreto. Los deseos son múltiples, cambiantes, y a diferencia de las necesidades, pueden ser creados por el mercado, creando deseos en los clientes con productos atrayentes para satisfacer una necesidad a través de una cierta marca de producto. Y el vendedor tiene que tratar de que esa motivación y ese deseo de compra se dirijan a su producto, y no al de la competencia, el cual puede producir la misma motivación y mismo deseo de compra en el cliente.

—¡Sake Shirayuki!... ¡Yupiii!...

—Tú a lo tuyo, Jin, tú sí que estás motivado, sí… Pues eso, el agujero motivacional puede provocar un chorro que salga en muchas direcciones, y el vendedor tiene que procurar canalizar esa dirección a la de su producto, a través de esa motivación, convirtiéndola en deseo específico. Y si el deseo se convierte en pasión, en lealtad extrema por la marca, entonces no hace falta ni seguir motivando al cliente, se motiva sólo, como tú…

»Comprender e influir sobre la motivación de los clientes tendrá como resultado vender más y mejor nuestros productos y servicios en relación a los de la competencia. No significa que el comportamiento del cliente dependa únicamente de una de estas motivaciones, casi siempre se dan varias a la vez, pero suele sobresalir alguna, que el vendedor tiene que identificar…

—¡Y hacer otro agujero! ¡Otro, otro, otro!...

—…Y estimular. Aunque veo, Jin, que tú ya estás bastante estimulado… Si no motivas, el cliente no se mueve, si no haces el agujero, el barril no se vacía. Si la motivación es muy grande el chorro saldrá con más energía, más intensidad, y mayor persistencia de la conducta motivada. Si el cliente está motivado más persiste en su conducta hasta conseguir el objetivo, como tú, Jin, que veo sigues

insistiendo… ¡Pero apártate ya del barril, que lo vas a dejar seco!...
Sigamos:

»Si hay varios chorros, la intensidad será menor, el cliente tiene más opciones y satisface sus necesidades de varias maneras: la dirección de su conducta no es única, y es más difícil que podamos predecir esa conducta. ¿Y sabes cuáles son algunas de las variables para cambiar esa dirección?

—¡Espera, que me la sé!... ¿el grado de mi resaca mañana?...¡Hips!

—No, pero casi: el valor percibido por el cliente y sus expectativas. Y la relación entre ambas, o sea el grado de satisfacción. El grado de satisfacción que ha experimentado anteriormente también le motivará en un sentido o en otro, como el grado de tu resaca.

—Pues yo no pienso repetir… Me estoy poniendo muy malo... Empiezo a sentirte doble…

—El placer y el dolor, Jin… El placer y el dolor son dos grandes determinantes en la motivación, buscamos el placer y huimos del dolor, ya lo hemos dicho al principio, la búsqueda de la felicidad… Pero ni se te ocurra vomitarme encima, a saber qué éteres puedes soltar…

—Oye Paul, unaaa… preguntas… antes había un agujero aquí, y ahora no… ¿Dónde se fue?, estoy seco…

—Es que las motivaciones de compra de un cliente pueden cambiar en cuestión de segundos. Y el mismo cliente puede una vez comprarte por una motivación, y mañana por otra, o no comprarte, y comprar a la competencia, o no comprar, y habrá que saber si se ha desmotivado por nosotros o por otro motivo.

»O también puede pasar, Jin, que el agujero esté ahí, pero no lo veas, puede que la motivación del cliente no sea consciente, sino inconsciente (aquí podríamos hablar también de los estímulos de la famosa publicidad subliminal, pero eso es otro tema), y la dirección de su conducta motivada puede estar dirigida o manipulada. Pero como hemos dicho, si la experiencia y satisfacción de compras anteriores produce la lealtad del cliente, queremos que sean conscientes de los beneficios que les vendemos, no zombis, y nuestro vendedor profesional no debe usar técnicas de manipulación ni de engaño, pues tienen corto recorrido, y ya hemos dicho que él tiene la sana intención de ayudar al cliente, de satisfacer sus necesidades y tiene visión de futuro...

—Pues yo no lo veo...

—Es que tú ya no ves nada, Jin,... Y hueles a sake... Estoy empezando a echar de menos tu olor a flores. En fin, vamos a resumir...

— ¿Otro barril? ¡Qué bien!...

—Nooo...Si sólo era una metáfora, no sé cómo te has podido emborrachar, era un barril subjetivo, imaginario...

—Como yo... también soy subsjestivo...

—En fin... En resumen, que hay que tener en cuenta siempre cuales son las motivaciones principales del cliente, y sus deseos, que tendrán que ver en último término con sus necesidades; y hay que estimular esas motivaciones, para hacer latente al cliente que ese producto o servicio puede resolver sus problemas y satisfacer sus necesidades. La intensidad y dirección de la motivación de compra estimulada, que es dinámica y variable, dependerá en buena medida del valor percibido de nuestro producto, de sus expectativas, y de experiencias pasadas, del grado de satisfacción. Si fuera un circuito eléctrico...

—¡Lo sabía, lo sabía!... sabía que te saldría la vena...

—¡Pues lo voy a decir, si no lo digo reviento!

—¡Pfff!

—No deja de ser una metáfora, y no hay que tomárselo al pie de la letra, pero si fuera un circuito eléctrico: podríamos decir que la tensión (necesidad) se traduce en intensidad cuando se abre el circuito (motivación), cuyo valor depende de la resistencia (al estímulo), y cuya dirección depende de la polaridad (experiencias pasadas positivas o negativas) y de la potencia (expectativas), así como del valor real de la corriente (valor percibido), que depende del número de cargas (emocionales, psicológicas y subjetivas) que circulen.

—¡Jaaaajaja!... te ha quedado muy propio, aunque sea inexacto... ¿Y el deseo?

—¡El deseo es un cortocircuito, mamón!...: uniendo de forma directa la satisfacción de la necesidad al producto en cuestión, cortocircuito que podemos provocar de forma consciente o inconsciente, como tú...

—Pues sí, estoy mamado, y casi inconsciente, pero... me has motivado.

—A vender más y mejor, o eso espero... Hala, a dormirla, mañana hablamos.

—Tamañana, Paul... Tú sí que sabes motivar.

—Pues mi único deseo ahora mismo es matarte.

—Que pasional... ni caso te hago...

—Mejor MICASO.

Conoce y Sigue a tu Cliente

Ya hemos dicho que conocer a tu cliente es imprescindible. Y sobre todo es esencial conocer sus motivaciones de compra.

—Buenos días, Paul.

—Hola, Jin, ¿estás mejor?, tendrás una buena resaca de ayer...

—Bueno, me recupero rápido, ten en cuenta que el tiempo no pasa por mí.

—Claro, pero en cualquier caso no te vuelvo a hablar de sake, que te conozco...

—Vale, pero estarás de acuerdo que el tema de los clientes es muy complejo, y a veces se nos va la cabeza entre tanto concepto.

—Pero para eso estamos, para aclarar conceptos, y para motivar a profundizar más, y para que el lector se haga preguntas, y que se responda, lo que le ayudará a vender más y mejor. Volviendo al asunto, pues sí, hemos hablado de conocer al cliente, de cómo son, que quieren, cómo quieren ser tratados y qué motivaciones de compra tienen. Pero hay que conocerlos todavía más:

Hoy en día es imprescindible un control de clientes y de oportunidades de venta. Las antiguas fichas de clientes se han convertido en bases de datos digitales de clientes, listados que elaboramos, editamos, o compramos, con todos los datos relevantes que nos interesan de ellos, y que iremos actualizando.

»Hay una parte de esa base de datos que es estática, otra dinámica y otra psicológica, y ésta última incluirá las motivaciones de compra de las que hemos hablado, y que iremos averiguando a través de diversos métodos.

»Vayamos por partes:

De notas en cuadernos, siguiendo con ficheros de Excel o Access, hemos pasado hoy en día a complejos sistemas CRM ("Customer Relationship Management", o sistemas de gestión de la relación con los clientes), pero todos ellos deben de ser herramientas que bien dirigidas y usadas nos sirvan para vender más y mejor.

»Aunque hoy todo es digital, la finalidad es la misma, son herramientas para conocer a tu cliente, más que una base de datos, una herramienta de venta. El lector curioso puede buscar en internet muchos de estos sistemas, y si se lo puede permitir económicamente, incorporarlos a su quehacer diario, y si no, buscar otras alternativas gratuitas. Renovarse o morir.

»Muchos CRM tienen versiones gratuitas o de prueba y existen diversos niveles de pago según las necesidades. Al final, el vendedor tiene que tener un sistema de control de su actividad, de una forma o de otra, y si sus clientes son los más importantes, si el cliente es el rey, pues es imprescindible un sistema de gestión de clientes que nos ayude a vender más y mejor.

»Cualquier sistema de control de clientes tiene que tener una estructura clara, sencilla, fácilmente actualizable, configurable, personalizable, y de consulta ágil, con información relevante, importante, y accesible desde cualquier sitio, pues así lo demanda hoy en día el mercado.

»Por otro lado, este control de clientes, actuales y potenciales, nos ayudará a relacionarnos mejor con él, a adelantarnos a sus necesidades y a poder ofrecerle un trato personalizado. Son herramientas para el objetivo que ya hemos indicado, ahorrar tiempo y dinero, tanto al cliente como al vendedor y la empresa, facilitar la atención al cliente, tanto preventa como postventa, planificar mejor nuestro trabajo, y en última instancia conseguir la fidelización del cliente.

»Los software CRM no sirven sólo para almacenar los datos de nuestros clientes y nuestras oportunidades de venta con ellos, sino que nos permite conocerlos, llegar a averiguar sus necesidades y expectativas. Es posible filtrar y segmentar toda la información para realizar todo tipo de acciones de venta, ser proactivos en nuestra relación con los clientes, y mejorar nuestras posibilidades de conversión de oportunidades de venta en operaciones efectivas.

»Podemos también usarlos para realizar de una manera más rápida y efectiva nuestras ofertas y presupuestos, controlar mejor nuestras campañas promocionales, así como analizar sus resultados.

»También incluyen herramientas para mejorar nuestro servicio al cliente, para dar una respuesta mejor y más rápida, como demandan nuestros clientes, así como sincronizar otras herramientas productivas en una sola, gestionar todos los flujos de información en un único lugar (provenientes de páginas web o redes sociales, o de nuestros distribuidores, o informaciones internas de la compañía, o de otros vendedores, contenidos de nuestros productos y servicios, o precios de nuestros productos y de nuestros competidores, entre otros) y que es accesible desde cualquier sitio y momento.

»Gestionar la relación con el cliente significa analizar todas las interacciones y los datos obtenidos en nuestros contactos con el cliente y realizar un seguimiento del mismo. Toda esta información, bien utilizada, nos ayudará a vender más y mejor.

—Sí, ya te dije que Sei en su libro también hablaba de algo parecido. Si bien no eran sistemas tan sofisticados como hoy en día, los vendedores de su época también llevaban sus libros de cuentas y de clientes, sus agendas donde anotaban todos los temas comerciales del día a día.

—El futuro tiene el corazón antiguo, Jin… Pero hay que tener cuidado en no perder la perspectiva, evitar que al usar esta herramienta de trabajo se convierta en nuestro único trabajo, y convertirnos en esclavos de dichas herramientas, en robots que solo gestionan, solo atienden clientes, y que no piensan, que no son creativos ni tienen criterio propio.

—Que los arboles no te dejen ver el bosque.

—Correcto, Jin. No hay que dejar de vender y de usar los conceptos que hemos visto hasta ahora. Y cualquier sistema de gestión de clientes, ya sea manual o digital, o avanzado como un CRM, debe ser una herramienta más del vendedor profesional, sin olvidarse de aplicar en todo momento las técnicas de venta, y sin perder de vista el objetivo de búsqueda de necesidades, motivaciones y deseos para lograr la satisfacción del cliente, sin dejar de estimular al cliente en nuestra dirección, y sin dejar de convencer y persuadir, de aumentar el valor percibido de nuestro producto o servicio en todo momento, con constancia en hacer marca y vender autentica calidad.

—¿Te has vuelto a quedar a gusto, verdad?

—Pues sí. Y más: no hay que olvidarse de conocer bien y a fondo lo que vendemos, de dar al cliente seguridad y confianza, de vender características, beneficios y ventajas que nos diferencian de la competencia, con la autentica intención de ayudar al cliente con nuestro producto o servicio, de satisfacer sus necesidades de la forma más creativa posible e intentar siempre mejorar nuestras soluciones para fidelizar al cliente con una perspectiva de futuro.

»En definitiva, cuando uno usa estas herramientas, no hay que olvidarse de vender.

»Recuerda, Jin, que dijimos que uno de los defectos del vendedor era no hacer buen uso de las herramientas de venta, y aquí podemos también incluir el no usar de forma efectiva estos sistemas de gestión de clientes, tanto por su mal uso como por su abuso.

—Dime, Paul: ¿cuál es la parte estática de estas bases de datos de clientes?

—Los datos que no suelen cambiar, o que no cambian muy a menudo, tales como nombre de la empresa y/o cliente si es individual, tipo de cliente (si es cliente final, distribuidor, mayorista, especificador, etc.), domicilio, tanto para facturas como de envío de mercancías, tipo de sociedad, código de identificación fiscal, formas de pago, requisitos de sus facturas, condiciones especiales de venta, descuentos, crédito, días de pago, cuenta bancaria, página web, teléfonos, fax, e-mails, etc.

»También es muy importante una pequeña descripción de la empresa o cliente, a qué se dedica, y cuáles son sus clientes finales si es el caso, instalaciones que tiene, posibles necesidades que puede tener de nuestros productos, potencial de compra, si compra a la competencia, y qué productos compra. Si es cliente nuestro, y qué productos compró. Y si dejó de serlo por algún motivo. En definitiva todo aquello que nos ayudará a conocer mejor a nuestro cliente, su entorno, circunstancias, problemas, etc.

»Aquí debemos ir incluyendo también los contactos que tenemos y hacemos en esa empresa, con su cargo, teléfono, e-mail, cargo del contacto, y descripción del contacto, que puede también incluir una parte psicológica, donde podríamos incluir también las motivaciones de compra que hemos averiguado, así como cualquier otro dato que es conveniente anotar y recordar para siguientes visitas o contactos con dicha persona. Cuanta más información tengamos de nuestro cliente mejor, incluidos datos personales, familiares, fechas de cumpleaños, hobbies, historial profesional, etc.

»También es interesante elaborar y mantener una base de datos no sólo de nuestros clientes, sino también de nuestros competidores, donde iremos actualizando cualquier dato que nos sirva para poder competir mejor contra ellos. En este sentido, y puesto que el mercado hoy en día es muy dinámico, los movimientos de la competencia entrarían ya casi dentro de la parte dinámica de la base de datos, la que hay que actualizar más a menudo.

—Pues háblame, Paul, de esa parte dinámica, por favor.

—La parte dinámica es todo aquello que tiene que ver con nuestra relación histórica con el cliente, todos los movimientos comerciales, pedidos, cifras de ventas, oportunidades pasadas y actuales.

»En cada visita, reunión, o contacto con el cliente debemos actualizar lo que se ha hablado con él, el estado de los pedidos y de las oportunidades no cerradas todavía, intereses, problemas, objeciones, planes de acción futuros,… en definitiva, la agenda de toda la vida, que hoy suele ser digital.

»Esto se puede hacer de varias maneras, pero lo importante es tener clasificadas cada oportunidad con el mismo cliente de forma separada, pues algunas se convertirán en pedidos y otras no, y en cada una anotar la evolución de la misma tras cada cambio de situación, nuevo contacto, nueva visita, nueva circunstancia, etc., con sus fechas, temas que se trataron, y cuáles no, y anotar cualquier dato que nos sirva como guía para planificar mejor el siguiente contacto, incluyendo sobre todo los presupuestos y ofertas enviadas, la posible fecha de cierre de cada proyecto, cuantía posible de pedido, productos involucrados, opciones, descuentos efectuados, razones de tales descuentos, etc. Es un histórico de nuestra relación pasada, actual y futura con cada cliente.

»En cada oportunidad o proyecto de venta con un cliente tenemos siempre que intentar averiguar sus necesidades desde un principio, para poder elaborar así nuestra mejor propuesta de valor en cada caso, que deberá quedar reflejada junto con cada presupuesto en nuestra base de datos, así como los detalles de negociaciones subsiguientes hasta el cierre. Y esto incluye también tener registrados en dicha oportunidad el pedido, contrato, presupuesto firmado, condiciones de compra, etc.

»En este sentido, la parte que podemos llamar psicológica de la ficha del cliente debería añadirse y actualizarse también en cada oportunidad, incluyendo sus posibles motivaciones de compra, que pueden variar de una a otra, y también pueden ir variando dentro de una misma oportunidad.

»La parte dinámica de la ficha de un cliente también debe incluir los problemas que tenemos con ellos, y cómo se han resuelto, por ejemplo problemas de servicio postventa, que deben también tratarse de forma individualizada, desde que surgen hasta que se cierran, junto con toda la evolución y detalles de cómo se ha resuelto cada caso.

»La parte más interesante para el vendedor de todo este trabajo de recopilación, documentación y actualización de datos respecto a su relación con cada cliente y oportunidad es la de poder hacer un seguimiento. El principal objetivo del seguimiento es asegurar que ninguna oportunidad se deja sin atención durante demasiado tiempo, cada oportunidad abierta debe tener al menos una tarea de seguimiento asociada, instrucciones de qué hacer a continuación, con una fecha de recordatorio. Y lo mismo con los casos postventa.

»Lo ideal es poder filtrar todas aquellas oportunidades abiertas y ordenarlas por fecha programada de seguimiento, para así poder organizar mejor una agenda de trabajo. Los CRMs de hoy en día ya hacen esto de alguna manera por ti, de forma que en vez de buscar tú la información, la información "viene a ti" de forma periódica, pues incluyen una serie de recordatorios automáticos programables, que podrán depender de la importancia del pedido, de la fecha posible de cierre o de cualquier otra variable que asignemos como recordatorio para retomar el contacto con el cliente.

»Estas bases de datos nos servirán también para mantener informados a nuestros clientes, de nuestros nuevos productos, nuevos catálogos, anuncios de productos, lanzamientos, ofertas, promociones, nuevos contenidos de nuestra web, o artículos, o notas de prensa, o cualquier otra información comercial que nos ayude a mantener un contacto regular con nuestro cliente, ya que como dijimos la constancia y recordarle que estamos ahí es muy importante. También nos servirán como bases de datos de referencias de clientes que pueden servir para usar con otros clientes potenciales.

»Por supuesto, el tema de la gestión de clientes es muy amplio, y hay muchos otros elementos de los que se puede hablar, como la captación de nuevos clientes, las diferencias entre contactos y prospectos, el análisis de todas estas bases de datos, su integración con otras herramientas de gestión, y con otras acciones de venta, mailings, ferias, campañas publicitarias, gestión de distribuidores, gestión de la calidad, gestión de incidencias, etc., pero aquí sólo estamos dando pinceladas, y el tema y problemática de los sistemas de gestión de clientes, y su relación con todo el proceso comercial y de empresa, da para muchos libros; el lector curioso puede investigar por su cuenta si le interesa, ya que hay mucha información al respecto y muchas empresas especializadas en dichos sistemas, los cuales incluso pueden estar centrados en sectores específicos, como por ejemplo: sistemas de gestión de clientes para el mercado inmobiliario, para tiendas online, para el mercado textil, para seguros, para el sector agroalimentario, químico, hotelero, y un largo etcétera.

»Lo importante para nuestro vendedor es que entienda que conocer a su cliente, gestionar de una manera eficaz su relación con él, tener y mantener una buena organización de todos los datos y realizar un seguimiento continuo de sus clientes, de su mercado, y de sus oportunidades de venta, es una de las tareas más importantes, junto con el resto de tareas ya mencionadas, como conocer su producto, el de la competencia, conocer las técnicas básicas de venta, y tener claro cuáles son las motivaciones y necesidades de sus clientes, para conseguir su satisfacción y fidelización.

—Paul, yo ya me he hecho con un CRM.
—¡Ah!, ¿sí? ¿Y cómo se llama, Jin?
—Seishin-force.
—Buena elección. Aunque en tu caso no podía ser de otra manera. Jin, vales más que el oro.
—¿Cómo por ejemplo el tiempo?
—No, cómo la información.

¿Pero dónde están los Clientes?

—Jin, ¿cómo eran los mercados y mercadillos en la época de Sei?, es decir, ¿dónde se concentraban los clientes? ¿Había ferias, exposiciones…?
—Bueno, ella hablaba mucho de algo similar a centros comerciales, que yo creo eran simples zonas de gremios artesanales, herreros, alfareros, cesteros, carpinteros, artesanos del oro y la plata, etc.;

también había casas de mercaderes, tiendas, mercadillos locales, y mucho mercado en las zonas portuarias, sobre todo mercados de pescado; también había almacenes de arroz, de especias, de té,… y lo más parecido a las ferias actuales eran los festivales, donde aparte de las celebraciones, se aprovechaba para comerciar. A Sei le gustaba mucho ir junto con otras cortesanas, sobre todo para buscar telas de seda decoradas con hilos de oro y plata, y cerámica para la ceremonia del té. Por cierto, ¿sabías que la cerámica de Japón es la más antigua del mundo?

—No, pero suena muy interesante. Dime qué más contaba Sei.

—Había un festival que se celebraba por la época de la cosecha en el gran templo, junto a un lago, que reunía a mercaderes y artesanos de todas las provincias. Allí iba Sei en busca de finas sedas que estaban solo al alcance de las clases altas, mientras que el pueblo vestía de algodón. Podías encontrar piezas cerámicas de todo tipo, decoradas con una estética zen, muy lírica, con coloridas pinturas de paisajes, animales e imágenes budistas. También podías encontrar todo tipo de tés, de pescados, de arroz, de pasteles de arroz y de licor de arroz…

—¡Ni lo nombres!

—Vale… Pero que sepas que muchos negocios se hacían en torno a tazas de sake con especias, y se cerraban tomando como mínimo tres, pues el no hacerlo traía mala suerte.

—Pues tú ahora tienes la suerte suficiente como para que no te mande al limbo, sigue…

—Que quisquilloso… bueno, aparte de lo mencionado, en estos mercados también se podía encontrar biombos y abanicos finamente decorados, espadas de todo tipo, cuchillos, armas y armaduras, kimonos, artesanía de marfil, oro, plata, nácar, esculturas de madera, bronce, piedra, arcilla, tallas lacadas, pinturas murales, pergaminos, espejos de bronce, campanas, cestas, arneses, trabajos en bambú, y un sinfín de productos.

—¡Anda!, parecía internet… había de todo.

—Y se comerciaba con todo, aunque lo más disputado entre los gremios era la construcción y decoración de palacios y templos, donde se mezclaban todas las artes, productos y oficios, y solía estar muy bien pagado.

—Los pelotazos del ladrillo son muy antiguos… "Nihil novum sub sole", Jin.

—¿Y qué significa eso? Recuerda que soy japonés, no latino.

—Mira, Jin: sube hasta la tercera nube de allá, giras a la derecha, sigues subiendo, saltas al cumulonimbo más alto que haya, sigue de frente, agarra la primera aurora boreal de cercanías que encuentres, y cuando llegues a la quinta esfera astral le preguntas a alguno de tus congéneres de allá arriba, y me dices.

—Voy.

—No tardes.

—Ya he vuelto. Pues sí, ya me he enterado, pero ya lo habíamos dicho antes. Nada nuevo entonces.

—Por cierto, Jin, tengo curiosidad, ya que has encontrado la respuesta tan rápido, ¿usan también buscadores allá arriba? ¿Acaso hablaste con San Google?

—No es necesario, allí el conocimiento es el todo, y todo es conocimiento, está en todas partes.

—Pues eso, Jin, nada nuevo. Y lo mismo te digo que pasa con las ferias, mercados, mercadillos, centros comerciales, tiendas, seminarios, presentaciones y reuniones de negocios. Sigue siendo lo mismo. El vendedor va donde hay clientes y los clientes van donde hay productos, y buscan los productos que necesitan. En tu época era habitual encontrarse en los festivales y hoy en día es habitual encontrarse en internet, cambia el medio pero no el fin, que sigue siendo la búsqueda de productos para satisfacer necesidades.

—Y se sigue tomando sake en reuniones de negocios…

—Y vino, y cerveza, y café y té, y mil cosas más, pero eso ya es cuando has encontrado a tu cliente, y te reúnes con él, ahora estamos hablando primero de encontrarlos: en la época de Sei podía ser relativamente fácil, a no ser que tuvieras que introducirte en las altas esferas de la corte, pero en general los clientes venían a ti cuando vendías algo, cuando tenías una tienda o un negocio, o un oficio determinado. Pero hoy en día ya no es tan sencillo, y hay que buscar e ir a por los clientes, no te puedes quedar sentado esperándolos. Y como ya no vienen a ti, hay que identificarlos, saber quiénes pueden ser clientes potenciales de tu producto y cuáles no.

—¿Y qué hay que hacer hoy en día, Paul?

—Hay que hacer un trabajo previo de prospección y de análisis de mercado, y buscar a tu cliente ideal. Prospección no es más que la búsqueda de clientes potenciales, pero hay que hacerlo de manera eficaz e inteligente.

—Ah… entiendo. Y luego organizar todos estos posibles clientes en una base de datos como las que hemos hablado para poder trabajar mejor con toda esa información.

—Sí, pero habrá que distinguir entre clientes y prospectos, y entre éstos últimos, los que tienen mayor potencial de convertirse en clientes y los que no, los más calientes y los más fríos.

—Como el sake, que se puede tomar caliente o frío.

—¡Y dale con el sake!... También los puede haber templados. No es más que una metáfora: podemos dividir el prospecto en diferentes niveles de temperatura, o por colores (rojo, amarillo, verde) o cómo queramos, según sean contactos interesados, prospectos calificados, o clientes potenciales, o incluso especificadores (que no son el comprador final, pero que de una forma u otra definen e influyen en el tipo de producto que sí compra el cliente final), en la medida que cumplan o no nuestro perfil ideal de comprador y tengan capacidad real de generar oportunidades de ventas.

»En definitiva, distinguimos varios niveles según su predisposición y su capacidad e intención real de compra. Por ejemplo, pueden tener mucho interés en comprar, pero no capacidad real de pagar tu producto, o no tener capacidad real de decisión, pero sí capacidad para recomendar tu producto, y también habrá que tener en cuenta esto para calificarlos de una forma u otra.

—¿Y qué tiene que hacer el vendedor para identificar esos clientes potenciales?

—Pues Jin, la verdad es que nuestro vendedor profesional tiene ya mucho trabajo adelantado si ha hecho todo lo que hemos dicho hasta ahora, de hecho tendría que tener ya claro gran parte de su mercado objetivo.

—¿Y qué trabajo tiene ya adelantado?

—Bueno, hemos dicho que el vendedor tiene que conocer a fondo su producto, y por lo tanto conocer sus características y beneficios, y también sus ventajas diferenciales. Y son esos beneficios y ventajas diferenciales los que van a definir su cliente ideal, y el nicho o segmento de mercado que puede estar más interesado en su producto, y en esas ventajas diferenciales. En definitiva, definirá el grupo de clientes en quienes nuestro producto o servicio tendrá mayor impacto. Y sabrá mejor dónde y a quién buscar.

»Y no será nuestro cliente aquél que busca otro tipo de beneficios y ventajas distintas a lo que ofrecemos, tiene expectativas diferentes y nunca quedará satisfecho. Si no aprecia nuestros beneficios, todo le parecerá caro. Ese no será nuestro cliente.

—Pues es verdad.

—Si conoces tu producto conoces a tu cliente, y viceversa. También hemos dicho que el vendedor tiene que saber si su producto es un bien, un servicio o una idea, o una mezcla de todos ellos, y que debe añadir ideas a su producto que le ayudarán a vender más y mejor.

Este análisis de su producto definirá también el tipo de cliente que puede estar más interesado en el mismo: aquellos a los que tal idea puede persuadir más o cuyo criterio de compra puede coincidir más con esa tipología de producto o servicio. Tener claro lo que vendes supone tener más claro el tipo de cliente ideal para ese producto.

—Correcto.

—También dijimos que el vendedor tiene que analizar a fondo su competencia. Y si efectivamente lo ha hecho, conocerá también en consecuencia qué tipo de clientes están atendiendo su competencia, donde están esos clientes y cuáles son los argumentos de la competencia que persuaden a dichos clientes, qué beneficios y ventajas diferenciales están aceptando para convertirse en clientes, y cuáles no.

»En definitiva, al analizar a la competencia, estamos analizando también nuestro mercado potencial, segmentos de mercado que necesitan de nuestro producto o servicio, e identificamos nichos de mercado que podemos atacar, ya sea de forma directa, o indirecta, cubriendo necesidades que no cubre la competencia.

—Entiendo, veo que ya vamos localizando prospectos y clientes potenciales.

—Y nos falta lo más importante, pues empezamos diciendo que es esencial conocer e identificar las necesidades, saber qué necesidades cubre nuestro producto o puede llegar a cubrir. Y para satisfacer esas necesidades dijimos que hay que buscar qué motivaciones de compra pueden mover a nuestro cliente potencial. A partir de esas necesidades que buscamos satisfacer y de esas motivaciones de compra que podemos estimular, podemos conocer mejor cuales son los clientes potenciales para nuestro producto, y segmentar de una forma adecuada y eficaz para conseguir llegar a nuestros clientes ideales.

»En definitiva, hay que analizar qué clientes NECESITAN realmente lo que ofrecemos. O de lo contrario, podemos estar apuntando en la dirección equivocada, e intentar captar clientes que no son los que realmente nos interesan, una pérdida de tiempo, esfuerzo y dinero. No se puede perseguir y vender a todos los que creemos pueden ser clientes. Por eso hay que segmentar y enfocar al cliente correcto. Y si no es nuestro tipo de cliente, hay que dejarlo marchar.

—Entiendo.

—Y a partir de todo lo dicho, también dijimos que había que definir nuestra propuesta de valor, la cual nos concretará también qué segmentos de mercado van a ser mejores clientes, dependiendo de la fórmula del conjunto de beneficios y costes que ofrecemos, y de nuestra relación calidad-precio.

»En resumen: hay que saber porqué te puede comprar a ti y no a la competencia, saber lo fundamental de tu propuesta de valor. Si nuestra propuesta de valor es una solución para ese cliente, si realmente valora lo que le ofrecemos, estará dispuesto a pagar por ello. Si no valora adecuadamente nuestra propuesta, ese no será nuestro cliente. Todo ello delimitará todavía más nuestro tipo de cliente potencial, aquellos para los que el valor percibido de nuestro producto será mayor.

—¿Y esta búsqueda de clientes cuando se hace?

—Pues debe ser constante, Jin. No se puede sólo vender a clientes existentes, ni sólo atender a los clientes que te llaman, hay que buscar nuevos clientes constantemente, o estaremos condenados al fracaso. Respecto al ciclo de vida del producto, la tarea de búsqueda y prospección será muy importante en la introducción del nuevo producto. Pero es igualmente necesario seguir haciéndolo en su etapa de crecimiento, aumentando el número de clientes, de distribuidores y de mercados, y también en su madurez, en constante lucha para mantenerse quitando clientes a la competencia, y buscando nuevos nichos de mercado. E incluso en el declive, el vendedor debe seguir buscando los posibles clientes rezagados.

»El vendedor tiene que estar continuamente definiendo y buscando su mercado objetivo, ya que como hemos dicho una de sus tareas es conocer a sus clientes, su mercado, sus necesidades, sus problemas y sus motivaciones, que suelen ser cambiantes, por lo que hay que estar siempre pendiente de SMC y de cómo responde a nuestro producto. Al final nuestro mercado objetivo tampoco es fijo, es cambiante, a veces crece y a veces disminuye, por lo que la búsqueda de nuevos clientes es imprescindible para sobrevivir a dichos cambios.

—Vale, y aparte de todo ese trabajo previo, ¿qué otras fuentes de prospectos puede usar el vendedor para buscar nuevos clientes?
—Las fuentes de prospectos son infinitas.
—¡Anda!, como en mi esfera astral, si lo sé no voy…
—Hay muchas, las de toda la vida y las nuevas, pero ninguna debe substituir el conocer primeramente nuestro producto y nuestra competencia a fondo, conocer nuestro mercado objetivo e ideal al que nos queremos dirigir, las necesidades y motivaciones que vamos a tratar, y el tipo de cliente definido por nuestra propuesta de valor.
»Si hemos definido previamente nuestro cliente ideal, que va a saber apreciar nuestras ventajas diferenciales y nuestra propuesta de valor, y que necesita realmente nuestra solución, va a ser mucho más fácil convencerle y persuadirle.

»Pero ya que quieres un listado de posibles fuentes de información, aquí van algunas, pero aviso que será incompleta, pues ya te he dicho que son infinitas:

- Las referencias: destacar ante todo a los clientes satisfechos, que son capaces de recomendarnos a otros clientes potenciales. Los clientes son una de las mejores fuentes de nuevos prospectos y más clientes potenciales, y preguntarles nos proporcionará una valiosa información para encontrarlos. Las referencias son muy importantes. Y hay que tener en cuenta no sólo los clientes actuales, sino también los clientes antiguos, a los que hay que recuperar, y los que nunca han comprado, que también nos pueden referir a otros clientes. O cualquier otra fuente de referidos, parientes, amigos, redes sociales profesionales o no profesionales, etc.

- Bases de datos y directorios: que pueden ser en papel o digitales, y que pueden tener distinto origen: ficheros y publicaciones de cámaras de comercio, oficinas comerciales, asociaciones comerciales o profesionales, guías telefónicas, informes de empresas de riesgos, consultoras especializadas, bases de datos sectoriales, de revistas, periódicos, publicaciones, directorios web, etc.

- Búsquedas por internet: buscando por actividades de las empresas o clientes potenciales, por productos que fabrican, productos que venden, por intereses, por zonas, por población, países y actividad, por polígonos industriales, etc. Todo depende de lo que busquemos, y de las palabras correctas de búsqueda. Una fuente muy importante de información es la página web del cliente potencial, o su blog, o en su red social, donde podemos averiguar muchas de sus necesidades por su tipo de actividad, noticias, eventos, procesos que utilizan, clientes que tienen, capacidad de compra, asociaciones a las que pertenecen —y que pueden ser otra fuente de datos de otros posibles clientes—, qué dicen, cómo lo dicen, qué quieren, etc. En definitiva, localiza y conoce a fondo a tu posible cliente antes de contactarle

- Ferias comerciales, conferencias y exposiciones: no sólo asistiendo a ellas y conociendo y contactando con posibles clientes, sino también usando los directorios que publican o comercializan. Hay multitud de ferias sectoriales nacionales e internacionales, y dependiendo de nuestro producto, pueden ser una de las mejores fuentes para conseguir nuevos clientes, o distribuidores, nuevos contactos, nuevos prospectos, etc.

- Organizaciones del sector: colegios profesionales, instituciones o asociaciones empresariales, sociales, deportivas, culturales, etc. Aparte de los posibles listados que puedan proporcionar del sector específico, afiliarse y participar en actividades que organizan puede ser otra fuente de nuevos contactos, o recomendadores, o estar informado de nuevos proyectos que nos pueden ayudar a identificar más clientes potenciales.

Y pueden ser muchas más, y la mayoría tienen que ver hoy en día con los avances tecnológicos, pero hay que recordar que la tecnología no puede vender por nosotros, es una herramienta más, y aunque la usemos en nuestra búsqueda de nuestro mercado objetivo y nuestros clientes potenciales, antes hay que analizar exhaustivamente todo lo comentado primeramente para definir nuestro cliente ideal y saber lo que necesita y cómo se lo podemos proporcionar. Si conoces a tu cliente sabes qué ofrecerle y dónde encontrarle.

»Por supuesto, cuantos más datos tengas de tus posibles clientes mejor será para realizar cualquier tipo de campaña o publicidad segmentada, por ejemplo por edades, sexo, estado civil, nivel económico, nivel educativo, nivel profesional, provincia, etc. Datos que pueden incorporarse o no a tu perfil de cliente ideal si son características que encajan con el análisis previo de necesidades, motivaciones y propuesta de valor añadido de tu producto y el de la competencia. Clasificar tu producto por segmentos, y en consecuencia a tu cliente potencial.

—El tigre se ha parado, Paul. Creo que huele algo.

—Y los cervatillos huyen. Pero él no busca cervatillos, sabe cuál es su presa. La conoce, y sabe por dónde se mueve, sus costumbres, sus necesidades y de qué se alimenta. Pronto habrá una batalla.

—¿Estaremos invitados? ¿La podremos ver?

—Sólo si sabes dónde va a producirse.

—Pues ya tengo pistas de sitios donde puede que los encontremos.

—En realidad la batalla ya ha empezado, y está en todas partes. Sólo es cuestión de mirar con atención. Y meditar tranquilamente dónde están tus clientes, y dónde no están. Y hacerlo constantemente. Buscar tu cliente ideal es una labor continua.

—Pues para eso nada mejor que tomarnos unos sakes, Paul. Ayudan a abrir el tercer ojo para ver y buscar mejor…

—A ti te voy yo a abrir el tercer ojo… Hala, ponte a buscar clientes ya, pero nada de sake, que te conozco.

—Pues me voy, he quedado con varios Seishin para ir a un congreso astral, allí seguro que hago nuevos contactos.

—¿Y sobre qué es el congreso?

—Sobre el sexo de los ángeles.

—Me lo temía…

Soy un Cliente Importante, por ley y sin ella

—Jin, es curioso: Sei menciona en su libro que conoció a vendedores con mucho éxito que no trabajaban mucho, pero que cuando lo hacían se concentraban sobre todo en sus mejores clientes, dándoles el tiempo que requerían. Y otros que trabajaban mucho, todo el día, atendían a todos sus clientes por igual, pero no parece que tuvieran tanto éxito.

—¿Y donde está lo curioso, Paul?

—Pues eso, que pareciera que no todos los clientes son igual de importantes, y que dedicarles a todos el mismo tiempo y esfuerzo no produce el mejor de los resultados.

—¿Te vas a desdecir ahora de todo lo que hemos dicho, Paul?... Después de decir tanto sobre el cliente, que hay que resolver sus problemas, escucharles a todos y atenderles debidamente, y que el cliente es el rey, ¿ahora no son todos iguales?

—Bueno, la corte puede ser muy amplia… hay reyes y reyes, y niveles de nobles, y mucho cortesano.

—Que guasón, ¿lo vas a destronar o no?

—No. Palabra de extremeño. De conquistador. De caballero español.

—¡Ah!, guerrero y samurái también. Entonces, explícate.

—El caso es que de hecho no tratamos a todos los clientes de igual forma, no son todos iguales en la práctica, y el vendedor a veces no gestiona bien su tiempo para dar a cada cliente el tiempo y atención que requiere. El cliente es el rey, aunque no sea el cliente más importante del mundo: pero hay que saber definir prioridades, y valorar a cada uno en su justa medida. Y darle a cada uno el tiempo y esfuerzo apropiado, proporcional a su importancia dentro de la corte, proporcional a su nobleza. Ahora veo que no añadimos esto, el no dar a cada cliente el tiempo y atención que merece, como un defecto del vendedor en su capítulo.

—¡Son tantos!

—Aunque podía ser también una virtud: separar lo vital de lo trivial, lo esencial de lo no esencial, y centrarse en lo que es más importante. Y podría formar parte de todo lo que hemos hablado sobre conocer mejor a tu cliente. Si realmente lo conoces en profundidad, e identificas bien cuales tienen más potencial, puedes poner más esfuerzo en ellos, más tiempo, más atención, e incluso ofrecerles distintas condiciones, darles un valor percibido de tu producto mayor que a otros, mejor precio por ejemplo. Aunque la competencia puede hacer lo mismo. Y habrá que vigilar esto también.

—¿Me estás diciendo que el vendedor no tiene que atender al resto de clientes y sólo tiene que atender bien a unos pocos, sólo a los importantes?

—No. Por supuesto debe atender bien a todos, pues tiene la virtud y ganas sinceras de ayudar a todos los clientes, y todos contribuyen, unos más y otros menos, a los resultados, pero debe también optimizar su tiempo, esfuerzo y energía con cada cliente.

»No es cuestión de sólo tener más clientes, sino de tener mejores clientes, clientes de calidad. Debe tener perspectiva, que sí dijimos era una virtud, y no perderse en la batalla del día a día, no disparar a todos sitios sin ton ni son, debe saber apuntar. Y para apuntar tiene que concentrarse, y analizar qué clientes pueden darle mejores resultados.

—Entiendo… apuntar a tigres, no a conejos.

—Bueno,… hay caza mayor y caza menor, y una no sería sin la otra, se complementan. Aparte, un cachorro pequeño puede convertirse el día de mañana en una fiera, no hay que menospreciar su potencial. Y las gallinas satisfechas dan muchos huevos.

—Pues ahora ya sí me perdí… estás siendo más sutil que el mundo del que procedo, Paul.

—Vale, Jin. Al grano. En definitiva, Sei estaba ya hablando de lo que hoy conocemos como el principio de Pareto, la ley del 80/20, y que se refleja en muchas facetas de la vida, no sólo en la gestión de las empresas y en cómo se distribuye su facturación.

—¿Y quién era Pareto?

—Pareto era un ingeniero, economista, sociólogo y filosofo italiano que formuló dicho principio en base a sus observaciones sobre como la mayor parte de la riqueza en Italia se distribuía en una pequeña parte de la población, y el resto entre la mayoría. Y la proporción de esta distribución solía estar en torno al 80/20.

»Aplicando su principio a nuestro terreno, que no es el único, pues ya te digo que se aplica a muchos otros campos y facetas, se puede comprobar que mayoritariamente el 80% de las ventas del vendedor provienen de un 20% de sus clientes, o de un 20% de sus productos, y que el 20% de sus ventas provienen del 80% de clientes restantes, o del 80% de sus productos.

»Viene también a decir que el 20% de las causas producen el 80% de los efectos. Estamos hablando de forma aproximada, no es una relación 80/20 exacta, puede ser 90/10 o 70/30, o 75/25. Son números redondos, simbólicos, pero de alguna manera en el mundo empresarial, y en otras facetas de la vida, suele cumplirse dicha proporción aproximada.

—¡Anda! ¿Y eso porqué?

—No sabemos. Aunque pensamos que el universo es un caos, tiene a veces sus propias reglas que el ser humano no entiende, pero que están ahí. O será que Dios juega a los dados.

—¿Con quién?

—Con tu amigo Buda, o con Confucio, o con Mahoma. O con todos. Se reúnen y juegan partidas infinitas, y se divierten mucho. Pero me da que lo hacen con dados trucados, porque el resultado de su azar produce resultados desequilibrados, como la ley de Pareto, o será que en ese desequilibrio está precisamente el punto de equilibrio. Pocas causas producen los mayores efectos. O será que somos nosotros los que muchas veces jugamos a los dados, y dejamos demasiadas cosas al azar.

—Entonces, ¿cómo aplica nuestro vendedor el principio de Pareto, Paul?

—A por ello, que ya se adivina: si el vendedor identifica esas pocas causas que producen los mayores resultados, entonces podrá vender más y mejor. Y si identifica esos clientes que van a producir mayores resultados también. Y si una vez identificados el vendedor sabe cuidarlos, cultivarlos, fidelizarlos, dedicándoles más tiempo y esfuerzo, pues también venderá más y mejor. E intentará captar más clientes de ese mismo tipo.

»Y si se conoce a sí mismo, y observa dentro de él, podrá identificar qué parte de su trabajo es más productiva, y cuál no tanto, separando lo trivial de lo esencial, como dije al principio.

»Asimismo, observando hacia afuera, a sus clientes, sus productos, y su gestión, a su forma de gestionar su tiempo y sus esfuerzos, se podrá concentrar en ese 20% de causas que producen el 80% de resultados. Empezamos el libro diciendo que el vendedor se tenía que conocer a sí mismo y así también conocer a sus clientes: focalizar, detectar la raíz de los problemas, las causas y los efectos, y calificar estas causas y estos efectos. Dar prioridades a unas tareas y a otras no, buscar donde está el valor añadido, la causa que produce mayor resultado, distinguir el grano de la paja y trabajar más en las tareas de mayor peso. Y hacer primero lo primero, y segundo lo segundo. Y así.

—Parece lógico.

—Sí, aunque es muy común ver vendedores y empresas que concentran más tiempo y esfuerzo en la masa de sus clientes mayor, en ese 80%, que no les dan tantos beneficios, y no se concentran tanto en ese 20% que sí les da más, o les puede dar más, clientes estratégicos que hay que cuidar mucho pues suponen la mayor parte de su facturación.

»Igualmente, también hemos dicho que el 80% de la facturación suele provenir del 20% de productos del catálogo. Pero hay empresas y vendedores que suelen promocionar más los que menos venden, porque se venden menos, porque creemos que tenemos que vender de todos lo mismo, y hay que sacar el stock de esos productos que no se venden tanto, igualar resultados de todos, buscar vender mucho de todo y a todos. Pero ya hemos dicho que no todos los productos tienen el mismo ciclo de vida, ni en el tiempo ni en su nivel máximo de ventas, pero tendemos a querer igualarlos.

—O sea que no todos los clientes son iguales, ¡qué injusticia!

—Bueno, que no todos tus clientes sean igual de importantes para tu actividad o negocio no significa que cambie tu actitud como vendedor. Míralo de esta manera: también, posiblemente, aunque cueste decirlo…: el 20% de este libro es el que tiene más valor, y el 80% restante no tanto. Pero es necesario. Para llegar a uno tienes que leer el otro, se necesitan y se complementan. Y ambos forman el libro.

—¿Qué quieres decir?

—Que en cualquier caso los clientes se tienen que sentir tratados como el mejor.

»Aunque no les dediques a todos el mismo tiempo y esfuerzo, el resultado con cada uno de ellos tiene que ser positivo, y no atenderles de mala manera porque no sean un cliente excepcional. Y tan importantes son ese 80% como el 20% de clientes.

»Por supuesto, si por un casual, pierdes a ese 20%, y tu facturación baja un 80%, imagina el desastre. En este sentido, el que tu estabilidad dependa de unos pocos clientes es muy peligroso, por lo que hay que intentar ir siempre más allá de ese 20%, buscar una mejor distribución.

»Y para ello tan esencial es centrarse en los clientes importantes como en los que pueden llegar a serlo y que todos acaben siendo importantes: hay que romper la famosa distribución de 80/20.

—Y que se fastidie Pareto.

—Allá donde esté. A lo mejor es él el que truca los dados… Pero sigamos: ojo, igual de malo puede ser que solo te concentres en los importantes. Si pierdes a la masa, al 20% de tu facturación, también eso puede ser una tragedia. Muchos clientes pequeños también aportan, e importan. No se puede prescindir de ellos tal como están las cosas.

»Además, hoy en día, un cliente por pequeño que sea, con la repercusión que tienen las redes sociales y el alcance de las nuevas tecnologías, puede quejarse de tal manera de un producto o servicio que afecte en gran medida a todo el resto, incluido a tus mejores clientes, a tu querido 20%. Y viceversa, su opinión favorable, si es viral, crea un efecto positivo grandísimo en todos ellos. El cliente sigue siendo el rey. Y hoy tiene más poder que nunca, se lo hemos dado y no quiere soltarlo.

»También tenemos que pensar que posiblemente el 80% de tus quejas vengan de un 20% de clientes. Y provengan de un 20% de problemas, que si los identificas, y solucionas, resolverán la mayoría de tus quejas.

»En ese sentido, pensar de forma 80/20 nos puede ayudar a vender más y mejor, y a dar un mejor servicio postventa. Es un buen punto de partida. Pararnos y analizar causas y resultados nos clarifica la estrategia a seguir, y nos ayuda a centrarnos en lo más importante, pero no nos debe desviar de nuestra actitud de satisfacer necesidades en todo momento y de ser un vendedor profesional: hay que pensar que muchos granos de arena hacen playa.

—Y muchas gotas un mar.

—Y la marea sube y baja, Jin, y se lleva mucha arena al mar, y muchas gotas se quedan en la arena y la humedecen. Hay un movimiento continuo entre ambos, un equilibrio dinámico.

—Entiendo. El desequilibrio de Pareto.

—O equilibrio: el 80% y el 20% se complementan. Muchos clientes pequeños traerán a más clientes grandes, debido a la existencia de tanto cliente, y muchos grandes atraerán a más clientes pequeños, debido a la relevancia que dan esos grandes. Y unos se convierten en otros. Y otros en unos. Y no hay que despreciar al cliente pequeño, sino intentar hacerlo crecer con nosotros, llevarlo a ese conjunto de 20% de clientes, y aumentar nuestro volumen total de ventas.

»En definitiva: aunque al final se mantenga la proporción de Pareto, lo que nos interesa es que esa proporción sea de un pastel cada vez mayor, por lo que debemos tratar a todos los clientes con la nobleza que se merecen, incrementar el número de nobles, y luego ya ellos se pelearán por la corona. Pero para el vendedor, cada uno es un rey en potencia, un rey con corona o sin ella, con ley o sin ley.

—Volvemos al principio, Paul.

—Sí, aunque no todas las causas produzcan los mismos efectos, hay una continua interacción entre todos ellos, y se necesitan. Es la armonía del cosmos y el universo.

—Como el tigre y el dragón.

—No nos escapamos de la rueda, Jin. A lo mejor si los que te digo pierden los dados…

—A que voy y se los quito…

—Creo que daría igual: solucionaríamos menos del 80% de nuestros problemas. Y el resto pueden ser menores, pero igual de terribles. Y surgirán más. Pero no hay que huir de los problemas, tenemos que afrontarlos todos, y atender y ayudar a todos los clientes, pero eso sí, estableciendo prioridades. Y aprender en el proceso cómo optimizar nuestros esfuerzos con cada cliente, y cómo evitar problemas futuros descubriendo las causas de la mayoría de los problemas. Encontrar el equilibrio dentro de la desigualdad de los clientes, diferenciar lo esencial de lo trivial y gestionar mejor nuestro tiempo.

—¡Y luego Dios dirá!

—O Buda, o Mahoma, o quien sea, pero ya estaremos preparados para luchar a favor y en contra de cualquier ley.

—Amén.

El Cliente Satisfecho

El vendedor tiene que tener muy claro que la venta no se acaba cuando el cliente compra algo, o cuando contrata un producto o servicio. Es entonces cuando realmente la venta toma cuerpo, y sustancia, como tú, Jin, que por tu olor veo estás empezando a sustanciarte... ¿Dónde estabas?

—Sí, Paul, buenos días. Si te digo que estaba jugando a las cartas con Lao-tse no me creerías, así que no te lo digo.

—Mejor que no, pero seguro que os bastaba con dos cartas sin nombre, iguales pero distintas, y jugabais sin reglas.

—Más o menos, Paul. Pero era divertido, un juego muy vital, con mucho movimiento. Las cartas nunca eran las mismas.

—Como lo que ahora tenemos entre manos, Jin. A lo que íbamos: cuando le hemos vendido al cliente nos toca a nosotros la siguiente tirada de cartas, somos mano y nos toca una de las partes más difíciles y esa es cumplir con lo vendido, con lo pactado, con lo contratado, entre otras cosas para algo tan importante y de tan gran valor como es tener clientes satisfechos y conseguir fidelizarlos. Cumple o muere.

—Espera, Paul, ¿estamos ya después de vender? Que me muera ahora mismo, un decir, si no es verdad que te has saltado más de un capítulo… ¿Y toda la entrevista comercial? ¿El cara a cara, la presentación de ventas, la discusión, el cierre…?

—Sí, y te olvidas de la preparación de la entrevista, del filtro, de la comunicación inicial, de los estímulos abiertos y cerrados, de la búsqueda de ocasiones y necesidades, de los argumentos de ayuda, de la guerra de las objeciones, de la carta oculta del precio, de la búsqueda del win-win, del momento de la verdad, del resumen de beneficios, de la mejor alternativa si no hay acuerdo, y de confesar tus pecados tras la entrevista, o tras el cierre, entre otros.

»Pues sí, me los he saltado. Como un caballero español. Como extremeño. ¿Sabes qué?, los tercios extremeños no temían el cuerpo a cuerpo, pues eran los mejores. Y generalmente aceptaban batalla cuando sabían que la podían ganar.

—Cómo los samuráis.

—Casi, amigo Sancho…

—¿Quién es ese?

—¡Ay, Jinetillo!... otro amigo de hidalgo, pero éste se metía en batallas sin sentido. Me refiero que todo eso forma parte de otro libro, da para uno y más, y no hay que mandar todavía al vendedor a luchar contra los elementos sin antes haber entendido y comprendido todo lo que se dice en éste. Y sólo entonces podrá aplicarlo, pues tendrá media batalla ganada. Y preferimos honra sin barcos, que barcos sin honra. O si prefieres que te lo diga de otra manera, no quiero quemar todavía las naves.

—Te estás enrollando como una pescadilla, Paul. Aclara.

—Pues eso, que me lo he saltado porque aparte de que tu querida Sei no lo trataba mucho, ese capítulo tan importante merece otro libro, y en éste ya se dijo al principio que no contiene soluciones milagrosas, pero que todo lo que se dice funciona, siempre ha funcionado, y siempre funcionará. Mientras que ese otro gran capítulo tiene más parte práctica y da pie a mucha fórmula mágica, que no lo son tanto si uno comprende y entiende todo lo dicho hasta ahora, que puede parecer teoría, pero tiene muchísima parte práctica. Más de la que crees. Precisamente es esta base la que se nos ha olvidado cuando hablamos de vender, intentando siempre buscar soluciones conversacionales, preguntas y respuestas típicas, y contra-respuestas, y recetas prefabricadas, y juegos de cartas, como la tuya con Lao-tse.

—Ahora sí lo entiendo.

—Me lo he saltado a propósito, y si el lector curioso quiere saber más, que me busque. O que se interese en buscarlo, que se apunte a un curso, que venda, que practique, que aplique todo lo dicho hasta ahora y verá cómo esa parte que creía difícil resulta ser la más fácil, y que tropiece, y se levante, y relea lo aquí contado, y se dará cuenta donde se equivocó, sin fórmulas mágicas.

—¡Y que cada palo aguante su vela!

—¿También eres marinero, Jin?

—No, aunque mis antepasados emigraron desde Asia a Europa, vinieron por barco y algo queda.

—Pues yo creo que vinieron por tierra, pues te ha quedado un olor a flores…

—Es que las flores de cerezo eran el emblema y símbolo del espíritu samurái. Y hasta hoy...

—Pues ya te daré yo a ti un desodorante.

—No creo que sirva, también huelen a flores…

—Pues de eso te quería hablar: de aplicar fuego al fuego, y agua al agua, y de que hacer clientes significa fidelizarlos, y para eso tienen que estar satisfechos. Y a un cliente insatisfecho no le puedes echar desodorante, ni no darle importancia. Sino que las mismas ganas que pusiste en venderle, tienes que ponerlas ahora para retenerlo, y para solucionar cualquier problema que surja. Pero vayamos por partes. Ahora toca la satisfacción del cliente.

—Adelante.

—¿Te acuerdas de la fórmula del valor cuando hablamos del precio?

—¡No, más fórmulas no…!

—Te diré. Es muy importante evaluar la satisfacción de los clientes, lo cual significa poder mejorar. Y también hay, para el que le interese, toda una ciencia al respecto que mide y analiza muchos números y datos con fórmulas de porcentajes, medias, desviaciones, correlaciones, índices de satisfacción y muchos indicadores más, que se consiguen a través de encuestas de satisfacción, cuestionarios, análisis de experiencias de compra, entrevistas a clientes, consultas de clientes, reclamaciones de clientes, sondeos, grupos de discusión, clientes fantasma, etc. En definitiva, un seguimiento de la satisfacción del cliente.

»Pero no vamos a meternos en esos laberintos. Sino solamente al concepto, que ya es mucho si se entiende y se aplica:

Dijimos que el valor percibido lo compara el cliente con las alternativas recibidas, mientras que la satisfacción compara ese valor percibido con las expectativas que tenía el cliente. Por lo tanto, una buena gestión del valor debe considerar también una buena gestión de las expectativas.

—Esa me la sé, no hay que vender dragones ni promesas que no se puedan cumplir. No hay que generar falsas expectativas. Y si el huevo es de calidad nuestra gallina pondrá huevos, que darán más gallinas. La expectativa del cliente es que nuestro huevo sea de calidad.

—Veo que has estado atento, Jin. Y puesto que la satisfacción relaciona valor y expectativas, no hay más remedio que formularla:

Nivel de Satisfacción = Valor percibido – Expectativas.

O como ya dijimos, la diferencia entre el valor percibido y las expectativas del cliente dará su grado de satisfacción:

- Si las expectativas eran mayores que el valor percibido final por el producto o servicio (la formula tiene resultado negativo) el cliente estará insatisfecho, y seguramente tendremos quejas, reclamaciones y pérdida de clientes. Es necesario tomar acciones correctoras. Pero lo peor es que muchas veces ni lo sabremos, y no podremos corregir esos problemas, pues la mayoría de los clientes insatisfechos no reclaman, simplemente no vuelven a comprar, y no son detectados por el vendedor como insatisfechos, a no ser que se haga un seguimiento. Y peor todavía, el cliente insatisfecho hablará mal de ti a otros muchos clientes, potenciales o no, lo que multiplicará tus pérdidas.

- Si las expectativas coinciden con el valor percibido o éste es un poco superior (la fórmula tiene un resultado cercano a cero) tendremos clientes satisfechos, pero no serán del todo leales a la marca, sólo hasta que encuentren en la competencia una satisfacción mayor. Convendría mejorar la oferta o no repetirán, o lo harán por falsa lealtad hasta que encuentren una mejor alternativa. Podemos satisfacer sus necesidades, pero cualquier otro puede hacerlo también.

- Mientras que si el nivel de satisfacción es muy alto (un valor positivo muy alto de la fórmula), ya sea porque el valor percibido es muy alto, o porque las expectativas eran bastante menores, o por la conjunción de ambos factores, entonces aparte de tener clientes muy satisfechos podemos ganar su lealtad, y además se pueden convertir también en recomendadores para otros clientes. Y es más difícil que se vayan a la competencia. Y si el valor de nuestro producto incluye beneficios emocionales el vínculo será más difícil de romper para la competencia. Lo mismo pasa si ofrecemos un buen servicio que es percibido como superior. Por otro lado, los clientes leales prestan menor atención al precio, compran más y más veces. Y se mantienen en el tiempo. Ahora sí podemos matizar la frase inicial, y decir que: para vender más y mejor no sólo hay que satisfacer las necesidades del cliente, sino que hay que satisfacerlas con creces. El objetivo principal es la fidelización del cliente.

Así pues, para optimizar la satisfacción del cliente no solo hay que incrementar el valor percibido, como ya dijimos, y que éste sea superior al de nuestra competencia, sino que también hay que adecuar las expectativas. Resumiendo:

- Valor percibido < expectativas: cliente insatisfecho
- Valor percibido = expectativas: cliente satisfecho
- Valor percibido > expectativas: cliente completamente satisfecho, posible lealtad.

Pero hay que tener cuidado, si las expectativas son demasiado bajas no se atraerán suficientes clientes, ni prometer de menos cuando podemos ofrecer más porque el cliente se puede ir a la competencia; pero si son demasiado altas, y no las podemos cumplir, los clientes se sentirán decepcionados e insatisfechos después de la compra. Tiene que haber un equilibrio.

»También dijimos al principio que mentir no tenía sentido, y crear expectativas que no se van a cumplir no es nuestro objetivo. Otro gran problema en la gestión de expectativas es la transparencia, detalles que no están claros al principio y que se desvelan tras haber comprado, la famosa letra pequeña, que desmotiva al cliente una vez los conoce para volver a comprar.

»Luego hay empresas que buscan satisfacer a sus clientes prometiendo algo que pueden entregar, y entregan después más de lo que prometieron o sorprenden al cliente con pequeños detalles que no estaban dentro de la formula aceptada inicial, valores que no esperaban (juegan con el valor percibido inicial y el final, que ya mencionamos no tenía por qué ser el mismo).

»Otro problema de las expectativas es que son cambiantes, y dependen no sólo de las necesidades sino también de las motivaciones del cliente (que ya dijimos pueden cambiar) por lo que lo mejor es tener empatía, ponernos en el lugar del cliente y si es posible experimentar su compra y uso de nuestro producto o servicio para detectar posibles desequilibrios entre lo ofertado y lo recibido.

»A veces la empresa, en su empeño por vender más, aumenta en su publicidad las expectativas del cliente, de forma exagerada, por lo que si no ha habido un incremento de valor del producto, el resultado es la insatisfacción del cliente, por lo que hay que establecer un nivel correcto de expectativas desde la empresa y el vendedor.

»Otro tipo de expectativas serán generadas en el cliente por recomendaciones o opiniones de conocidos, familiares, amigos o líderes de opinión, y por supuesto de otros clientes (satisfechos o insatisfechos, siendo más peligroso lo último) y también las generadas por la competencia y por las experiencias de compras anteriores. El vendedor puede sólo controlar la generada por él y una pequeña parte de las que tienen que ver con el boca a boca, pero no toda, ni el resto de expectativas generadas que no parten de él.

»En cualquier caso es un grave error no intentar conocer las expectativas del cliente, y no podemos dejarlo al azar o creer sólo en nuestra intuición. Hay que cuidar mucho cómo es el proceso de compra, no sólo facilitándolo, sino procurando que no genere expectativas ni demasiado altas ni demasiado bajas.

—No hay que jugar a las cartas.

—Exacto, Jin. Y si vamos a jugar tenemos que saber las reglas del juego, las reglas de la satisfacción del cliente, y no hacer trampas, no jugar con cartas marcadas, pero tampoco dejarlo todo al azar. Un cliente satisfecho es un vendedor más de la empresa, el boca a boca funciona, y nos reduce los costes de captar nuevos clientes.

—Pero siempre habrá clientes insatisfechos, Paul.

—Sí, pero muchos menos si antes hemos hecho los deberes, y hemos delimitado bien nuestro mercado y nuestro cliente ideal, y si luego hemos analizado nuestras ventas con Pareto, para captar clientes potenciales del mismo tipo, nuestros esfuerzos para lograr la satisfacción de nuestros clientes, y su posterior fidelización, serán menores.

—¿Y qué más puede hacer el vendedor, Paul?

—Una de las obligaciones del vendedor es preguntarle al cliente después de su compra, hacer un seguimiento, y detectar las posibles insatisfacciones, para poder corregirlas. También hay que hacer fácil al cliente que pueda opinar sobre nuestros productos y servicios, que tenga un medio de hacernos llegar sus quejas y sugerencias, y que su voz sea oída. Darle valor a su opinión, incluso recompensarle por darla. Facilitar la devolución de productos, o la posibilidad de cambiarlo por otro. Respetar al cliente, reconocer los errores, y solucionarlos. Y en general, usar todas y cada una de las siete virtudes que hemos mencionado y no caer en ninguno del gran listado de defectos que también hemos dicho al principio.

—¿Nada más?

—Y nada menos, Jin. Con todo eso, si realmente lo cumplimos, es difícil que el cliente no esté satisfecho. Por cierto, hablando de seguimiento, ¿tú lo estás?

—Pues sí, Paul, con creces. Aunque mis expectativas cuando te contacté eran muy grandes, veo que no me he equivocado contigo: me has demostrado unas inmensas ganas e interés de ayudarme, me has escuchado con atención, y has sacado del libro de Sei mucho más de lo que había, le has proporcionado un gran valor añadido con tu visión, esfuerzo, experiencia y opinión, dándole más calidad, has añadido emociones e historias que no olvidaré, y un estilo diferente, único, y sin que suponga un esfuerzo adicional para mí, de hecho me he divertido mucho con la experiencia. Me has hecho fácil que yo cumpla mi misión, y estoy seguro de que podré descansar en paz sabiendo que el legado de mis antepasados seguirá vivo y podrá ayudar a más gente. Sí, estoy satisfecho.

—Me alegro mucho, Jin. ¿Pero me serás fiel y leal? ¿O te irás con otro?

—Bueno, eso creo que es el siguiente capítulo, ¿verdad?... Pero te puedo avanzar que no. Y siempre hablaré bien de ti.

—Yo también te quiero, Jin. Snif, Snif…

—No llores…

—No lo hago… sólo que me da pena que esto esté casi terminando, tú seguramente te irás, y te echaré de menos. Me había acostumbrado a tu compañía.

—Bueno, como el producto, siempre estaré contigo, en tu cabeza, y… ¿quién sabe?... lo mismo algún día dejo de cojonear por esos astrales y vuelvo para incordiarte un rato, reírnos, y hasta tomarnos unos sakes.

—Gracias, Jin. Ahora ya no tengo tan claro si yo te he dado más valor a ti, o si tú a mí, si tú has sido mi cliente o si yo he sido el tuyo, pero desde luego también estoy más que satisfecho.

—Bueno, para aclarar tus dudas, te diré lo que arriba me dijeron: "si levantas el velo de Isis, corres el peligro de mirarte en el espejo, y reconocerte."

—Pues va a ser eso. Nos vemos en el último capítulo.

Fidelización de Clientes

Exceder las expectativas. Hemos visto que la fidelización del cliente a una marca, un producto o una empresa se consigue superando las expectativas del cliente, y hay que superarlas cuanto más mejor, para poder pasar de la satisfacción del cliente a la lealtad del mismo. La fidelización de clientes consiste básicamente en que el cliente se convierta en un cliente fiel a nuestro producto, servicio o marca, que vuelva a comprarnos, de forma repetida, y que también recomiende nuestro producto o servicio a otros clientes.

Tener una base de clientes leales es la mejor arma contra la competencia. Significa también tener un cierto monopolio sobre dichos clientes, y mantener por lo tanto una cuota de mercado.

No sólo hay que captar nuevos clientes, sino que hay que fidelizarlos. Y fidelizar un cliente ya existente suele ser más rentable que captar uno nuevo. En cualquier caso, no hay que descuidar ninguna de las dos cosas.

También, como hemos dicho, el segmentar e identificar correctamente a tu cliente ideal, hará más fácil la tarea de fidelizarlos.

Para ello, y como hemos dicho, el vendedor debe centrarse en el cliente, tener empatía, mejorar su relación con el mismo, pedirle sus comentarios y sugerencias, y que incluso se sienta parte de la empresa, que participe, y mostrarle que valoramos su opinión. La mejor forma de fidelización es escuchar a tus clientes. Partir del cliente, y ayudarle a satisfacer sus necesidades y expectativas.

—¿Volvemos otra vez al principio, Paul?

—Sí, dichosa rueda, Jin. Los nuevos tiempos tienen más de antiguos que de nuevos. Todo lo que decía tu querida Sei en su libro son ahora dogmas de última generación para la fidelización de los clientes.

—No, si al final vas a ser un gurú.

—No me llames eso, Jin, que suena muy mal. Aunque para maestro espiritual te prefiero a ti.

—No estoy tan iluminado, ni soy un profeta.

—Ni yo tampoco. Sigamos: volviendo a la fórmula, podemos darle un vistazo final substituyendo en ella lo que era el valor percibido, para así tener más claro todos los elementos con los que podemos jugar para obtener una mayor satisfacción del cliente:

Grado de Satisfacción = Total de beneficios y/o ventajas – Total de costes y/o precios – Expectativas

Ahí está. Bien sencillo. Añade beneficios y valores añadidos, ventajas diferenciales, si es posible emocionales, disminuye costes y barreras, y que el resultado sea mayor que las expectativas, que tienen que ser coherentes con lo que podemos ofrecer, y ese es el camino que lleva a la fidelización, dependiendo del grado de satisfacción conseguido. ¿Me sigues, Jin?

—Como un perro etéreo.

—Todos los consejos que puedas encontrar para fidelizar clientes, Jin, caen de una forma u otra en variar, con técnicas más o menos ingeniosas, alguno de esos términos de la fórmula para fortalecer esa lealtad.

—¿Todos?

—Todos.

»Hay empresas que se centran en el término de costes con promociones y descuentos para lograr la fidelización de los clientes, pero no es la mejor manera. No garantiza que el cliente permanezca fiel a la empresa. Estará satisfecho y tendrá algo de lealtad, pero no evitará que pueda comprar a la competencia también. Falta la chispa.

—¿Qué chispa, Paul? ¿También vamos a dar de arder al cliente?

—Sí, le tiene que arder el corazón: de amor, de compromiso, de una fuerte conexión psicológica con la marca y con el producto. La lealtad se basa principalmente en emociones, en crear apego a una empresa o producto con vínculos y sensaciones que son difíciles de romper por la competencia.

»En definitiva, la lealtad del cliente supone un profundo compromiso con el producto o servicio, produciendo las compras repetidas, y la recomendación a terceros. Un compromiso de fidelidad que no considera otras alternativas, no busca activamente otro producto o servicio, y los esfuerzos de la competencia no cambian su comportamiento.

La lealtad es una cuestión de emociones, y ese debe ser el valor añadido que decanta la fórmula a nuestro favor. Crear esta actitud y conexión psicológica junto con la motivación suficiente para producir la repetición de la compra nos ayudará a vender más y mejor. Y convertir cada venta en el principio de la siguiente, convertir vender en un ciclo de ventas…

—¡Hasta el infinito y mas allá!

—Pero que daño ha hecho Disney…

—Me refería a la infinita sabiduría, al nudo sin principio ni fin, al nudo místico del amor interminable, al corazón de Buda.

—Ah, bueno. Entonces, sí lo has entendido, pues hablamos de eso, de nudo y compromiso del corazón… de enamorar.

»Pero ojo, esta lealtad puede ser verdadera o fingida, y ésta última no me convence, supone comprar repetidas veces, pero sin auténtico compromiso. Pero también es usada por muchas empresas, por ejemplo en el caso de los contratos de permanencia, o cualquier otra relación de dependencia del cliente con la marca o producto, donde son forzados a ser leales, o cuando no tienen otra alternativa a sus necesidades, cuando el coste de salirse de esa elección, de ese río que les lleva, es mayor a su capacidad para nadar contracorriente.

—Como me dijo un sabio allá arriba, Paul: "No te puedes bañar dos veces en el mismo río".

—Sí, Jin, todo fluye. Y esa lealtad fingida, cuando puede, se sale de tu río para no volver, o si lo hace, ya será con distintas condiciones. No será en el mismo río.

»Pero cuando la lealtad es verdadera, la confianza y satisfacción del cliente con la marca produce un lazo afectivo real, sobre todo hacia atributos intangibles y servicios extras, a valores añadidos más que a descuentos, que fortalecen el compromiso y motivación de mantener la relación con la marca y la voluntad de comprar repetidas veces.

—Así pues, la fidelidad no es solo repetir la compra, sino que está combinado con la actitud de compromiso.

—La cual es resultado de la alta satisfacción. Veo que lo has entendido perfectamente, Jin. Pero nos falta la guinda.

—¿Del pastel?

—De la lealtad del cliente. Al cliente fiel hay que recompensarle. Quiere ser tratado de forma especial. Como el amor y las plantas, hay que cultivarlo y regarlas frecuentemente.

»Hay muchas técnicas tradicionales para fortalecer la lealtad con el cliente, para hacerle sentir único, y aquí podemos citar algunas, pero ya te digo que hay miles, y todas responden a la fórmula. De una forma u otra, al final hay que ofrecer un producto de muy buena calidad, con ventajas diferenciales, con un alto valor añadido, y que satisfaga necesidades, motivaciones, preferencias y expectativas.

»Algunas de estas técnicas tradicionales son por ejemplo:

- Ofrecer servicios exclusivos, programas de puntos, tarjetas vip, descuentos especiales y promociones solo para clientes, el 2x1 o ofertas similares, sorteos para premiar a clientes fieles, preferencias de compra o uso, promociones con otras marcas (venta cruzada), descuentos por traer otros clientes, o recompensas por referidos, vales de cumpleaños, navidad o fechas emblemáticas, etc. Boletines de noticias con productos de su interés, ya sea usando o no modelos predictivos de productos que le pueden interesar, contenido personalizado, marketing de contenidos, regalos sorpresa, premios aleatorios, construcción de redes sociales con los clientes, una comunidad social con sentido de pertenencia, eventos y presentaciones solo para ellos, acceso a contenidos online exclusivos para clientes, foros de clientes, información prioritaria, muestras gratuitas, experiencias de compra divertidas con juegos, sorteos, etc. Servicio de mantenimiento gratuito durante un período de tiempo, servicios de garantía ante posibles incidencias, incentivos por aportar datos, canales de comunicación, reconocimiento a clientes, ofertas personalizadas, etc.

Colaboración en campañas, implicar al cliente en el lanzamiento de nuevos productos, páginas de fans, vídeos, conferencias y cursos de aprendizaje sobre el producto para mejorar su rendimiento, conectar con historias, atención y servicio especial de quejas y dudas, el uso de CRMs que gestionen y controlan la interacción con los clientes, etc.

Como hemos dicho, hay miles, pero el vendedor no debe de perder la perspectiva, ni el objetivo, no debe perderse entre todos los medios y herramientas, y debe tener siempre en cuenta la fórmula, y lo que se pretende con todo eso, que es exceder las expectativas. Fidelizar al cliente. Satisfacer con creces las necesidades de su cliente. Y la última y suprema necesidad es la felicidad. Gestionar la felicidad del cliente nos ayudará a vender más y mejor. El cliente fiel es un cliente feliz, que hace también feliz al vendedor…

»…Y sin darnos cuenta hemos vuelto al principio, Jin, hemos cerrado el círculo… Y el tigre nos lame la mano. Ya no parece tan fiero. Nos mira a los ojos, calmado, nos miramos,… y nos reconocemos… Es el momento de volver a leer el libro, y entendernos mejor. Volver al principio para llegar al final, que no es más que otro principio, y disfrutar el camino.

—Pues yo estoy satisfecho, Paul. Y feliz.
—Eso es lo que internet, los ordenadores y la tecnología no nos darán nunca: el espíritu. Somos humanos y buscamos la felicidad, y eso es lo que nuestro vendedor no debe olvidar nunca, ser persona, ser humano, y ser feliz. Espero que tú lo seas allá donde vayas.
—Yo también te deseo la mayor felicidad del mundo, Paul. Gracias. Muchas gracias.
—Gracias a ti, Jin.

¿CONCLUSION?

Y tal como vino, Jin se fue, y se llevó su libro. Ya le habíamos sacado todo el jugo, y él podía descansar en paz. En los días siguientes le eché de menos. Me despertaba sobresaltado, creyendo que olía a flores alrededor mío, pensando que había vuelto, pero no era así. Hasta que llegué a la conclusión de que él estaba siempre presente, estaba aquí, en este libro que es su legado.

Estamos seguros que este libro ayudará a todo aquél que lo lea, se dedique o no a vender de forma directa, o indirecta, personal o profesional, o pertenezca a uno de los muchos oficios citados al principio que de una forma u otra tienen una relación comercial en su quehacer diario.

Háganlo suyo, aprovéchenlo, úsenlo, pero sobre todo… diviértanse… es el mejor consejo que pueden encontrar aquí. Yo me divertí con Jin, y seguro que el lector también. El mejor homenaje es que lo sigamos haciendo.

Hemos dicho que vender es hacer feliz al cliente y al vendedor, y el mejor camino, aparte de todo lo mencionado, es divertirse en el día a día, al principio, a mitad, y al final del camino, si es que lo hay. Diviértase cocinando, diviértase aprendiendo inglés, diviértase enseñando… y así hasta mil, y por lo mismo, ¿por qué no?: diviértase vendiendo.

La experiencia de vender y comprar debe también ser agradable para el vendedor, no sólo para el cliente, y esto lo notará el cliente, y se retroalimentarán mutuamente. Agradar al cliente y divertirse trabajando son dos caras de la misma moneda. Influye en la calidad del servicio, calidad del trato, y calidad del producto, del que el vendedor es una parte más, y supone un valor añadido que influirá en la satisfacción del cliente, y en su fidelización.

Como hemos dicho, el ser humano compra a otro ser humano, y ese es el juego, y la gracia. Jueguen, diviértanse y sean felices.

Sí, he puesto al principio "conclusión" con interrogantes, ¿acaso el lector que ha llegado hasta aquí tiene todavía alguna duda de que esto sólo es el principio, y no el fin?... Pues eso.

FIN...

El Misterio de la Portada

(Capítulo Extra de la 2ª Edición)

Dicen que la labor del escritor es avivar los misterios, no desvelarlos… pero yo todavía no me considero un escritor, o por lo menos no hasta que lleve unos cuantos libros más. Por lo tanto, y con motivo de la segunda edición, es un placer desvelar el misterio de la portada en este capítulo adicional, donde también recojo varias de las interesantes interpretaciones dadas por los lectores. A todos ellos quiero dar las gracias por su colaboración y comentarios al respecto que han enriquecido este capítulo extra.

Como no podía ser de otra manera, la portada recoge varios de los temas mencionados a lo largo del libro, y está llena de símbolos y conceptos. Es una portada conceptual.

Por ejemplo, el más claro y evidente, y que no tiene ningún misterio, es el huevo que corresponde al capítulo "Un huevo de Calidad", representado por el huevo sobre una base dorada y elegante, aludiendo a esa calidad, y que incluye al ave que nos mira con cara extrañada al no saber si es antes el huevo o la gallina. Por otro lado, el huevo es símbolo de creación y de renovación, de ciclo sin fin, y de eso también hemos hablado en el libro.

Antes de seguir adelante, querido lector, quiero que mires la portada por unos minutos e intentes responder a las siguientes preguntas:

1.   ¿Quién es el tigre al final?
2.   ¿Qué representa la caja azul de la portada?
3.   ¿Dónde está Jin en la misma?
4.   ¿Y el libro de Sei?
5.   ¿Qué son el resto de objetos?

Te dejo unos minutos…

…

…

…

…

…

¿Ya?... Espero que tengas ya tus conclusiones. Te adelanto que hay una que es para nota y que muy pocos aciertan. ¿Quieres volvértelo a pensar?...

…

…

…

Vamos a ello:

Supongo que el libro de Sei lo has localizado fácilmente. Es el libro rojizo situado a la derecha, detrás de la cabeza del tigre. Esa era muy fácil, aunque alguno ha interpretado que dicho libro era la caja azul, que recogía la sabiduría del mismo, lo cual también es una bonita interpretación, aunque no es la suya. Pero… ¿dónde está Jin?...

—¡Aquí estoy!...

—¡Ahhhhh!... pero…¡Jin!, ¡no me asustes así!... no me esperaba que vinieras…

—¡Hola, Paul!... Bueno, no podía faltar, y estabas hablando de mí… así que he venido a ayudarte.

—Pues muchas gracias, pero avisa antes, ya había perdido la costumbre de oírte. ¿Qué tal estás?

—Bien, aunque estaba un poco aburrido por mis astrales y… te echaba de menos.

—Ja, ja… Muchas gracias, Jin, yo también a ti. De verdad que no te esperaba. Pero vamos al asunto. ¿Sabes que ha habido lectores que han creído que la caja eras tú?

—Eso es que no han estado atentos.

—¡O que no te han olido!... como se dice a lo largo del libro, tu olor característico es a flores de cerezo y el emblema de los Samurái era la flor del cerezo. Por lo tanto estás representado por las tres cerezas que hay encima del libro de Sei, resaltando la unión con dicho libro. Aparte de ser un árbol típico en Asia y conocido por su gran belleza, las cerezas tienen un gran sabor y tienen que ver con el amor y la pureza. En ese sentido, puedes estar orgulloso, Jin. Aunque te tienes que fijar que también estás representado en las hojas secas, aludiendo a tu naturaleza no muy viva y a la metáfora floral.

—Yo no estoy seco, Paul. Un poco acartonado… pero no demacrado.

—¡Te prefiero seco que no lleno de sake!

—Vale… me quedo con lo de las cerezas y la hoja… aunque también me hubiese gustado ser la caja, es muy misteriosa, como yo.

—En cierto modo también lo eres, Jin, pero eso lo desvelamos más adelante. Ahora vamos con una interpretación que ha dado mucho juego, con la del tigre y su relación con lo hablado en el libro. Ha habido lectores que han dicho que representaba la venta, el precio, el cierre, el cliente ideal y bastantes han dicho que representaba el cliente en general, y en eso han acertado.

—Ya sabía que no era yo, no tengo su valor…

—El tigre es el cliente, sí... pero no. Se insinúa a lo largo del libro que es el cliente (mirar nuestro negocio a través de sus ojos, el valor de lo que vendemos está en su mirada, cazar a tigres, etc.) y que como verás en la foto de la portada tiene un corazón colgado al cuello, corazón que es el que intentan ganar las empresas y símbolo del amor a la marca, entre otras cosas.

—¡Ah!, no me había fijado en el corazón. Ahora voy atando cabos.

—Pero también hay pistas a lo largo del libro, sobre todo al final (el velo de Isis y mirarse en el espejo, dos caras de la misma moneda, reconocerse en los ojos del tigre, etc.) donde se cierra el círculo, y en vez de intentar cazar al tigre, el vendedor se reconoce en él, todos somos vendedores, pero también todos somos clientes de algo o alguien, y hay que mirar nuestro negocio a través de sus ojos.

—¡Claro!

— El tigre es el cliente, pero al final también es el vendedor que se reconoce en él para ganar su fidelidad. Y por otro lado, en la portada tiene la cola hacia arriba, señal en los felinos de estar feliz y contento, y al fin y al cabo de eso se trata, de la felicidad del cliente y también del vendedor.

—Entendido, hay que fijarse en los detalles… Ahora tengo más claro el sentido. Pero ¿qué representa la caja azul, Paul?

— Ha habido interpretaciones muy interesantes. Por ejemplo un lector dijo que la caja representaba el interior de uno mismo, por aquello que hemos dicho de tener que conocerse. Otros que representaba la sabiduría oriental, la sabiduría del vendedor, la del libro de Sei, el conocimiento e incluso que era el espíritu.

—¡Al final voy a ser yo!

—Pues no, no del todo, pero me han gustado mucho esas posibilidades. Como pasa muchas otras veces, la explicación era la más sencilla: la caja es… el producto. Pocos aciertan.

—Bueno, dijimos que yo era un producto también ¿no?...

—Sí, pero déjame terminar: en la caja hay una parte sencilla, y otra para nota como he adelantado. La parte sencilla es que la caja representa el producto ya que, al fin y al cabo, hoy en día todos los productos vienen en cajas o empaquetados. Estamos rodeados de cajas de productos. La caja es el producto, pero tiene grabado un símbolo: el producto, como se dice a lo largo del libro, aúna tangibles con intangibles, con ideas, emociones, se venden ideas. Y en este caso la caja lleva una idea, un símbolo grabado, que significa "suerte", principalmente, pero también forma parte de la palabra "felicidad", la última y suprema necesidad, aunque podía haber sido cualquier otra idea, Jin.

—Pues no había caído. Ahora entiendo que era difícil. Oye, ¿y qué sale de la caja?

—Nadie se ha fijado, Jin… Gracias por recordármelo. De la caja sale una joya, como tú.

—Bueno, vale, mi nombre significa "oro", entre otros significados, pero ¿qué relación tiene con el libro?

—Te lo explico: la caja enlaza también con una joya, que representa el compromiso, a raíz del compromiso de fidelidad que queremos conseguir hacia el producto o marca por parte del cliente. La joya tiene forma de infinito, el compromiso sin fin de la lealtad hacia el producto, a la vez que son dos joyas en una, como símbolo de los opuestos, día y noche, eterno retorno, la rueda de la vida y del ciclo de vida del producto.

—¡Ah!, la rueda… ¿Como la rueda de cristal de la portada?

—Correcto, Jin. Aparte de parecer un espejo, lo cual tiene que ver con lo que hemos dicho de reconocernos, la rueda de cristal viene a representar el ciclo de vida del producto y el eterno retorno de ideas que, como dijimos, ahora parecen muy modernas a la hora de vender, pero son muy antiguas, conceptos eternos, como en el título del libro, y que las hemos complicado con las nuevas tecnologías. Al final todo se repite, es un ciclo, y la rueda es similar, el eterno luchar de los opuestos, cliente/vendedor, para volver siempre a lo mismo.

De hecho el libro retorna al principio, es un ciclo sin fin, y de alguna forma eso lo representa. A fin de cuentas es esa dualidad cliente/vendedor la que hay que romper, pasar del B2C o B2B al B2H (Business to Human) y en último extremo al H2H. Somos humanos, personas y, como hemos dicho, es lo que no hay que olvidar al vender.

—Ahora todo cobra más sentido.

—Y al final también hemos explicado el principio, que es la portada. Cerramos el círculo, Jin.

— Muchas gracias por la explicación, Paul. Por cierto, tengo que darte también saludos de Sei.

—¿Ah, sí?, ¡qué bien!, ¿y cómo está?

—Está muy contenta y tiene ganas de conocerte en persona.

—Sería un placer. Dile que venga cuando quiera, ¡pero que no me asuste como tú!

—Está muy orgullosa de ambos y le ha gustado mucho ver que su legado sigue vivo a través del libro y de comprobar que está ayudando a mucha gente.

—Así es y así espero que lo siga haciendo, Jin. Yo también estoy muy contento por la buena acogida y por los muchos lectores agradecidos. Muchas gracias, Jin, y saluda a Sei de mi parte.

—Gracias a ti, Paul, así lo haré.

Nota del autor

Gracias por llegar hasta aquí con nosotros. Esperamos volver a verles pronto, y reconocerles.

Si les ha gustado el libro, me gustaría pedirles que, por favor, hagan una breve reseña positiva del mismo en la librería online donde lo compraron. No les llevará más de dos minutos.

Y si han disfrutado más de lo que esperaban, si les ha hecho pensar, si han aprendido o re-aprendido, y si este libro les ha ayudado, por favor hagan felices a otros y recomiéndenlo a sus amigos, familiares, compañeros de trabajo y contactos. Ellos también se lo agradecerán, y así ganará seguramente posiciones en la rueda de la vida… Lo que es seguro es que Jin y yo se lo agradeceremos eternamente.

Gracias. Gracias mil.

Pueden también ponerse en contacto en este mail:
raulvendermasymejor@gmail.com
Sus comentarios serán bienvenidos y agradecidos.
Un fuerte abrazo

Página de autor: http://www.amazon.com/author/raulgilo
Twitter: https://twitter.com/RaulSanchezGilo
Linkedin: https://www.linkedin.com/in/raulsanchezgilo

.

www.ingramcontent.com/pod-product-compliance
Lightning Source LLC
Chambersburg PA
CBHW051312220526
45468CB00004B/1316

* 9 7 8 1 9 8 3 5 0 3 1 5 3 *